お辞儀のチカラ

礼と志の「武学」

レノンリー

あな[illegible]、人生が変わる、世界が変わる

みらい PUBLISHING

はじめに

「こんな簡単に『人生の目的』って出していいんだ！」

とある30代男性はそう叫びました。

この男性はビジネスや家庭が順調でありながらも「このままでいいんだろうか？」と3年間モヤモヤと人生の方向性について苦悩していました。

それがたった20分足らずのワークで人生の目的が明確になってしまった……。

そのあっけなさに驚きを隠せなかったそうです。

「自分は何のために生きているんだろう？」

あなたもこのような「重大な問い」を長年ほったらかしにしていませんか？

今すぐ答えは出ないだろうし……。

でも、ご承知のようにいつかは誰もが１００％必ず死にます。

今すぐ死ぬわけでもないだろうし……。

「なぜ生きたいのかを真剣に考えてこなかった」

「やりたかったことができなかった」

死の間際になって取り返しのつかない後悔をする人が多いのも事実です。

「自分は何のために生きているんだろう？」

実はその答えは、探していては見つかりません。

探すから見つからないのです。

人生の目的は探すのではなく、「自分自身で創る」ものです。

その「人生の目的」を20分ほどで創る方法があったとしたら、どうでしょうか。試してみたいと思いませんか？

本書ではそれを可能にするワークがあります。

五つの質問に答えていくだけで、誰でもない「あなた自身」から人生の目的を引き出すことができます。それは「成功者になりたい」といった表層的なものではありません。あなたの心の奥底に眠らせたままの崇高な想い「天命」「使命」「志」と言えるものを引き出します。

人生の目的を引き出せたならば、次はそこに向かって行動です。

本書ではあなたの人生の目的を成就していくための目標設定や、具体的な行動プランの作成方法についても紹介していきます。

その柱となる大切なことは次の三つです。

❶生き方（志）
❷あり方（礼）
❸やり方（行動）

これらは世界を動かしてきた者だけが知る叡智の数々を基に、30年以上の歳月をかけて研究・実践・検証し体系化したものです。

❶生き方（志）❷あり方（礼）については、6400年前から皇帝や軍師など国の最高統率者に極秘に伝承され、進化発展してきた帝王学「武学」を基にしています。

武学は宗教・哲学・心理学・スピリチュアルのような概念ではありません。生命誕生から38億年間、一度も死なずに命のバトンを受け継いできた「あなたの身体」から、その叡智を引き出すことをします。誰もが生まれながらに宿している叡智ですので、新たに何かを学ぶ必要はありません。その引き出し方を知って実践すれば、およそ5秒であなたの潜在能力を開くことができます。その再現性は年齢・性別・人種を問わず、ほぼ100％です。

❸やり方（行動）については、アップル、モルガン・スタンレー、アメリカン・エキスプレス、P&Gなどフォーチュン500企業の約8割が採用している会議法・マネジメント術を参考にし、分かりやすく個人向けにカスタマイズしたものです。

本書で紹介していくこの仕組みを「SSM（サムライ・セルフ・マネジメント）」と名付けました。

このSSMをまずは私自身に施したところ、国際的な武術大会で2年連続世界チャンピオンになることができました。そしてその再現性を検証するために、弟子にも施したところ4人の世界チャンピオンと13人の日本チャンピオンを生み出すことにも成功しました。ですから、世界一・日本一を育成するメソッドと言えるかもしれません。

ただし注意が必要です。

金メダル症候群という言葉があるように、大きな目標を達成することで生きる目的を見失い、抜け殻のようになってしまう場合もあります。あくまでも追求すべきは人生の目的です。ベタなたとえをするならば、人生の金メダリストを目指すべきです。

時代はますます激しく変化しています。

少子高齢化・AIの進化・自然災害・環境破壊・紛争・差別・貧困・パンデミック……。日本のみならず世界は一個人・一企業・一国の力だけでは解決できない問題で行き詰まっています。そのような時代背景の中で、自己の利益を守るために他者と断絶したり争ったりしている場合ではありません。

「この世界をもっとより面白い世界に変えたい」

「子どもたちや孫の世代に、美しい地球を残したい」

「そのために自分をもっともっと成長させたい」

このような想いを持ち、そして行動する「人財」がこれからの時代は必要です。私は全世界にそのような志に目覚める人を1人でも多く輩出したいと思い、日々活動しています。

今あなたに力がないとしても大丈夫です。

なぜなら、あなたの身体には38億年を生き抜いてきた叡智が宿っているからです。

実はその叡智を引き出すためのカギが、私たちが日常で行っている「お辞儀」に隠されています。その秘儀についても、本書であなたにお伝えしていきます。

「もっともっと自分の可能性を探求したい！」

そう思っているあなたであれば、本書の内容を実践することで最大限に可能性を引き出していくことができるでしょう。

一度きりの人生です。是非あなたの心の奥に眠る崇高な想いを、この世界で思いっきり開花させてください。

レノンリー

お辞儀のチカラ　礼と志の「武学」　目次

■第一章　あなたの人生を創造するのは誰？…35

■第二章　夢と志…61

■第三章　志を引き出す…87

■第四章　日本人も知らない礼の力……111

■第五章　侍の礼法・七つの秘伝…137

■第六章　志を体現する…169

序章

武学はあなた自身になるためのツール

「人間として生まれて、人間としてどういう方向に進み、人間としてどうやって命をまっとうするのか？」私も探し求めていました。今、世界中の人も日本人も、そして子どもたちもそういったことに悩んでいるのではないでしょうか。

その答えを私の場合は、「武学」でつかみました。現在は武学を基にした「徳育」を伝えるために、全国で講演活動などを行っています。

そんな私レノンリーが現在の活動に至ったいきさつをお話しします。

私の生い立ち

私は1971年6月に兵庫県伊丹市で生まれました。父はコリアン、母は日本人で、3人兄弟の末っ子です。三畳二間の風呂もトイレもない小さな家で暮らしていました。

小学4年生のある日、刑事ドラマを見て刑事にあこがれた私は父に言いました。

「刑事になりたい」

ところが意外な答えが返ってきました。

『いや、なられへんよ。お前は外人だから』

てっきり日本人だと思っていた自分が、よもや外人だとは思いもよりませんでした。金髪で英語を話す人を外人だと思っていたからです。

「お父ちゃんも外人？」『外人や』「兄ちゃんは？」『兄ちゃんも外人や』「じゃ、お母ちゃんは？」『お母ちゃんは日本人』小学4年生の私には訳が分かりません。

「じゃ、ボクは何人なの？」と聞くと、父は『朝鮮人』と言いました。「ちょうせん人？　それはすごい。何にでも挑戦できる外人だ！」。何も知らない当時の私は無邪気にそう思いました。翌日学校に行くとクラスのみんなを集めて言いました。

「みんな聞いてくれ。実はオレは外人だったんだ。それも、ちょうせん人なんだ。何にでもチャレンジできる人間なんだ！」

私がそう話すとクラス中「なんか知らんけど、すごいな！」と拍手喝采、大盛り上がり。一躍クラスの人気者です。しかし、翌日から様子が変わってきます。

いつものように友達の家に遊びに行くと友達のお母さんから「うちの子はいない」と言われました。明らかにいるにもかかわらず、です。そしてまた別の友達の家に行くと「うちの子は勉強が忙しくて遊べない」と言われました。そんなことが数日続いて、ふと気づきます。

「自分は何か言ってはいけないことを言ってしまったのではないか？」

そこで私ははじめて「差別」を知ることになります。そして少しずつ一緒に遊んでくれる友達がいなくなり、いじめや差別を受けるようになっていきました。

悔しさ、怒り、疎外感から私はこう強く思いました。

「誰からもいじめられることなく、バカにされない力が欲しい」

そこから中学・高校時代と強さを求めて、可能な限りありとあらゆる武道や格闘技に打ち込み、身体も鍛え、いじめに屈することもなくなりました。

しかし、差別が今よりも根深かった時代です。将来に希望が持てず、生きる意味や自分の存在意義も見出せず、力を求めてケンカに明け暮れる日々を送っていました。

16歳になったときには、国籍選択が迫られました。日本で生まれ、日本で育ち、日本語を話し、日本の学校に通っていましたので当然、母親の国籍である日本国籍を選ぼうと思いました。

しかし、歴史を調べているうちに思うところがあり「国籍を選択しない」という選択をしました。つまり無国籍です。私は無国籍の地球人として生きていくことを決めたのです。

師匠との出会い

その後も強さを求めていろいろな道場へ通い、トレーニングを積んでいきました。

そんなある日のこと。私が21歳のときです。総合格闘技のジムで面白い人に出会います。身長は150㎝台、体重も50kg前後の小さなおじさんです。飄々《ひょうひょう》とした感じで、決して強そうな人ではありません。そのおじさんは会場の片隅で中国武術の型を練習していました。

『よかったら今度、僕の道場に来てみる?』とお誘いを受けたので、私はおじさんの道場へ後日行ってみることに。すると、その道場でちょっとした事件が起こりました。なんと道場破りが来たのです。これがまた背も大きく体格もよくて見るからに強そうな男でした。その道場破りは小柄なおじさんを見下ろして「技を見せてくれ」と凄みました。おじさんは平然と『いいですよ』と答えます。

『危ないんでね。押し相撲で勝負しましょう。君が僕を壁まで押せたら君の勝ち。僕が君を壁まで押せたら僕の勝ちということで。はいスタート』

なんと小柄なおじさんは、その男をあっという間に壁まで押していってしまったのです。男はあっけにとられながらも「インチキだ。リングで勝負したい」『どうぞどうぞ』と、リング上で戦うことになりました。

今度こそ道場破りにボコボコにされる……と思いきや、驚きの展開です。

なんと道場破りの攻撃を、よそ見をしながら片手でさばいて倒してしまうのです。それも1回だけではなく、何度も飛びかかってくる男を赤子のように床にコロコロと転がしていました。カンフー映画そのものの光景です。

「この人こそ自分の求めていた人だ」と確信。その場で弟子入りを願いました。

この師匠こそが古来より伝わる武学の継承者だったのです。

武学を知る

こうして弟子になった私は、師匠の道場に通うことになります。

稽古初日のことです。『で、何しに来たの？』師匠が私にそう聞きました。「何を言ってるんだろう、この人は？」そう思いながらも答えました。

「先生の技を学びに来ました」

『え？　何で？』

「いやいや、強くなりたいからですよ」

『誰より強くなりたいの？』

「誰より？　誰よりも強くなりたいです」

『その人は何歳くらい？　０歳から１００歳くらいまでいるけど？』

「20代くらいですかねぇ……」

『その人は男？　女？』

「もちろん男です」

『その男の人は何をやっている人？　職業とかあるでしょ？』

「格闘家ですかね」

『格闘家でもいろいろいるよね？　何をやっている人？』

「キックボクシングですかね」

『キックボクシングやっている人でもいろいろいるよね。何年やってる人？』

「10年くらいでしょうか」

『10年やっていても弱い人もいれば、世界チャンピオンもいるよね？』

「日本チャンピオンでお願いします」

『よし、分かった。キックボクシングを10年やっていて、日本チャンピオンで20代の男。その人より強くなりたいんだね』

（あれ？　何かが違うぞ。でも自分でそう言ったしなぁ……）

『じゃ、リングに上がって、まずはミドルキック１００発！』

言われるがままリングに上がり、師匠が構えたミットにキックを打ち込む私……。

いやいや、違う違う！　これじゃない！

「あの、先生。コレじゃないです。キックボクシング、前にもやっていましたし」

『え？　そうなの？』

「先生の華麗な技、アレを教わりたいんです」

『え？　何で？』

「いやいや、強くなりたいからです」

『誰より強くなりたいの？』

「誰よりも強くなりたいです（あれ？　さっきと同じこと聞かれてるぞ）」

……結局、先ほどと同じ質問がくり返され、やはり答えはキックボクシングに。

『やっぱりキックボクシングだね。じゃミドルキック１００発！』

「いやいや！　違います！　コレじゃないんです！」

『え？　そうなの？』

「あの道場破りを余裕でさばいていた先生の技、アレを教わりたいんです！」

『え？　何で？』

（以下、ループ……）

師匠がおかしいのか？　自分がおかしいのか？

何度、答えてもキックボクシングになってしまう……

普通は道場へ習いに行けばやることは決まっています。それが当たり前だと思っていましたので『何しに来たの？』から始まる質問の意味が分かりませんでした。

ですが後日、師匠は「目的と目標を明確化する」ための質問をしていたことに気づきました。

師匠の道場では本人が目的と目標を明確にしていなければ、稽古が始まりません。想定がないもの・人生で使わないものを練習しても「時間の無駄」という徹底した目的主義だからです。

逆に目的と目標が明確であれば、それを聞いた師匠が弟子にオーダーメイドで稽古法を伝授してくれます。１００人いれば１００通り人生があるように、稽古法も人それぞれ違うのは当然である、という考え方です。

思えば、これが武学の考え方を知ったはじめの一歩でした。

自分も負けない・相手も負けさせない

ここで本書の核でもある武学についてお話ししておきましょう。

武学とは６４００年前のシュメール文明から始まり、２５００年前には既に成立していた、皇帝や軍師など国の最高統率者に極秘に伝承され進化発展してきた帝王学です。ですのでこれまで一般に公開されたことはありません。中国、春秋時代の軍師である孫武によってまとめられた「孫子の兵法」は武学の一部です。

「武学」「孫子の兵法」と聞いて、その語感のイメージから戦って勝つための学問だと思われがちですが、まったく違います。

武学を一言で言うならば「自他不敗の活学」です。

自他不敗とは「自分も負けない・相手も負けさせない」、要するに「戦ってはならない」ということです。活学とは学んだことを知識だけに留めず、知恵として発展させ実践していくことを意味しています。

武という文字に関しても「二」「戈」「止」から成っており「二つの戈（武器）を止める」という意味があります。この解釈は現代の武道全般においても用いられていますが、日本に漢字が伝来する以前、２０００年前の古代中国の書物『春秋左氏伝』『説文解字』において、すでにそのような解釈がなされていたようです。

この自他不敗の概念は、戦争や殺人殺戮という「闇」を極め尽くしたからこそ出てきた「光」と言えます。仮に戦いに勝ち続けたとしても、勝つ度に相手に恨みを残すこととなり、復讐されるリスクが増すばかりで、負の連鎖は止まることがありません。孫子の兵法にも「百戦百勝は善の善なる者に非ず」とあるように、戦って勝つことはベストではないと説かれています。

また武学では五大不確定（能力・人数・武器・時間・場所）というものがあります。

❶相手の能力が分からない
格闘技をやっているのか、軍人なのか、特殊部隊レベルなのか、軍師なのか
❷相手の人数が分からない
1人なのか、10人なのか、１００人なのか、１０００人、1万人なのか
❸相手の武器が分からない
刀なのか、弓矢なのか、拳銃なのか、爆弾なのか、あるいは毒薬なのか
❹相手がいつ出現するのか分からない（時間）

24時間のうちいつなのか、明日なのか、明後日なのか、来月なのか

❺相手がどこで出現するのか分からない（場所）

自宅なのか、風呂場なのか、トイレなのか、路上なのか、移動中なのか

私が学んできた武学体術の稽古ではこの五つを想定して行います。つまり何でもありの実戦が前提です。ですので明確なルールがある格闘技や武道とはその目的がまったく違います。孫子の兵法には「彼を知り己を知れば百戦殆うからず」とあるように、まずは相手の詳細な情報がなければ準備のしようがありません。

師匠が私に「誰より強くなりたいの？」「その人は何歳？」「その人は男？　女？」など、まるで尋問のような質問をいくつも投げかけてきたのはそのためです。

明確化は力なり。たとえば相手のことを知らずにパンチやキックの練習をしたとしても、相手が拳銃を持っていたら何の意味もないということです。

本当の強さとは何か？

師匠のような武学体術の技を身につけたくて道場に通い始めた私でしたが、師匠は一向に技の伝授をしてくれませんでした。毎日2時間、道場の片隅で師匠に言われるがまま立禅（ただ立っているだけ）の稽古をするだけでした。

ある日のこと師匠は、強さにこだわっている私に言いました。

「そもそも世界で一番強い男はアメリカ大統領だと思わない？　彼は電話一つで軍隊を動かすことができる。絶対に勝てないよね？　唯一、勝てるとしたら自分を殺しに来た相手と友達になることじゃないか？　そして友達の輪が広がったら誰も君のことを倒しには来ない。むしろ君が困ったときに世界中のみんなが助けてくれる」

「君が求めている強さは腕力の強さなのか？　それとも根源的な人間としての強さなのか？　世界中のみんなに助けてもらうのに、腕力は必要ないかもしれない。ケンカが強くても友達はできない。それよりも、『ありがとう』をちゃんと伝えられる人の方が、よっぽど友達ができると思わないか？　もし本当の意味で強くなりたいのであれば、ちゃんと徳のある人間になりなさい。それが武徳であり、尊武の精神だよ」

当時の私は師匠の言っていることがよく分かりませんでした。ですが「礼に始まり礼に終わる」という言葉を師匠がよく口にしていたことに気づき、私は練習前に早く来て掃除し、最後まで残って掃除することを始めました。今にして思えば、師匠はそれを見てくれていたのでしょう。それから師匠は少しずつ技を教えてくれるようになりました。

武学は師匠から認められなければ教えてもらえません。「礼」の状態ができているかどうか。武学を教えるのに値する人間かどうか。入門の前に、まず開門があるのです。師匠がずっと私を待っていてくれたことに気がついたとき、この人から武学を伝えてもらえるに足る人間になろうと決意をしました。

転機

23歳のときに私は建築業で独立開業しました。それまでビジネスや経営を一切学んでいませんでしたが、武学のエッセンスを活用することで事業は軌道に乗り、3年後には年収5000万円を超えるようになりました。ですが順風満帆と言える中、その数年後に思いもよらぬ出来事が起こったのです。

2008年11月10日に兄が、がんで亡くなりました。

兄は私よりも10歳上でしたので、幼少期の私の面倒をよく見てくれました。両親が仕事で家を空けることが多かったので、私は兄に育てられたようなものです。私は兄のバイクの後ろに乗せてもらい、いろいろなところに連れて行ってもらうのが大好きでした。そんな兄が2008年の7月、急な腹痛で病院へ。精密検査の結果、すい臓がんの末期で「余命1ヵ月」だと宣告されました。

「何としてでも絶対に兄貴を助ける」そう強く心に決め、兄と一緒に闘病しました。西洋医学から東洋医学、民間療法など……ありとあらゆる情報を調べ、全財産を使い切るつもりで治療に専念しました。しかし、願いは叶いませんでした。

兄は一家の長男と言うこともあり、私よりもはるかに壮絶な差別という重い十字架を背負って、幼少の頃から1人で長年苦しんでいました。真面目で我慢強くがんばり屋のお人好しが、がんになりやすいと言われています。まさに兄のがんはそういった背景からも納得がいきます。

兄が亡くなってからしばらくは、兄を助けることができなかった自分の無力さと罪悪感で押しつぶされそうになりました。

私は必死で考えました。真剣に考えました。

これから残された人生で何をするべきか？

生きているうちに最大限に精一杯できることは何なのか？

そして出た答えが「世界を変える」ことでした。この世界から戦争・差別・病気・貧困を解放し、兄のように苦しむ人々を1人でも多く救いたい……。

これが私に残された命の目的、志であると確信しました。

大統領や総理大臣を動かすには？

「世界を変える」と言っても、何から手をつければいいのか分かりません。私はただの一般人。何のツテもコネもありません。いろいろと考えた末、世界200カ国のトップ、大統領や総理大臣を動かすことができれば世界を変えられるのではないか？　という考えに行き着きました。まるで子どものような非現実的な発想ですが、私は真剣でした。では、大統領や総理大臣を動かすにはどうすればいいのか？

……答えは見つかりません。

そこで「大統領や総理大臣になる人は、どんな勉強をしているのだろう？」という視点に移りました。いろいろと調べているうちに、大統領や総理大臣を数多く輩出している組織があることに気づきます。その組織とは、ＪＣＩ（国際青年会議所）です。

出身者の一部を紹介すると、日本の総理大臣では、中曽根康弘、小泉純一郎、森喜朗、小渕恵三、麻生太郎、菅直人、鳩山由紀夫。

アメリカ大統領では、ジョン・Ｆ・ケネディ、ビル・クリントン、リチャード・ニクソン、ロナルド・レーガン。そうそうたるメンバーがＪＣＩの出身です。早速ＪＣＩに入会し活動に参加しました。

活動をしている中で私はＪＣＩ世界会頭セクレタリー（秘書）に抜擢されました。そして各国の首脳との会談・国連ＭＤＧｓ推進・ＮＰＯ国境なき奉仕団の活動など個人的な国際活動を主体に世界50カ国以上で、とても得がたい貴重な経験を積むことができました。

そこで分かったことは、「世界は会議で動いている」ということです。その中心となるのが「ロバート議事ルール」です。国連をはじめ、多くの国際公式会議で採用されている会議法です。

この「ロバート議事ルール」を自分のものとして体得するため、それを教える側のトレーナーにもなりました。世界を動かしている会議の仕組みが分からなければ、世界を変えることはできません。その仕組みを運用できる能力があれば、世界を変えられる可能性が出てくるということです。

世界のトップに会いに行く

そしてさらに世界トップの人たちに会いに行きました。

ビル・クリントン元大統領や世界的投資家のジョージ・ソロスなどのコーチングを行った、アンソニー・ロビンズ。ビル・ゲイツの師匠と言われているコンサルタント、ジョン・C・マクスウェル。教育コンサルタントのルー・タイス、など……。

彼らが共通して話すのはこのようなことでした。

- **人生の質は、自分に投げかける質問の質。**
- **目的が明確でなければ、不明確なものを得る。**
- **行動だけが世界を変える。**
- **主体者は100％自分。**

以上をまとめると、このような文章になります。

「目的を明確化し、自ら主体者として責任を引き受け行動し、自分を律すること」

私は驚きました。そのすべてが師匠から伝えられてきた「武学」に入っていたからです。そしてこれまで武学や世界トップから学んだことを稽古システムとして構築し、自分に施してみたところ

２００９年　国際武術大会（香港）金メダル（酔拳・武器術）
２０１０年　世界伝統武術大会（中国）金メダル（酔拳）

2年連続で世界一という成果を得ることができました。またこの稽古システムの再現性を確かめるために、私の弟子にも試してみたところ、４人の世界チャンピオンと13人の日本チャンピオンを生み出すことにも成功しました。

この稽古システムを、多くの同志たちと検証を重ねブラッシュアップしたものが本書で紹介するＳＳＭ（サムライ・セルフ・マネジメント）です。

武学はあなた自身になるためのツール

２０１２年６月。武学による徳育を通じて、全生命が調和した美しい未来を創る人材育成を目的として、一般社団法人国際徳育協会を立ち上げました。そして２０１７年には武学をオンラインで学ぶことができる「武学オンライン講座」（２２８ページ参照）を立ち上げました。

私自身、年間３００日、全国各地をまわりワークショップや講演活動をしていますが、現在では全国各地の仲間たちが、講座や稽古会を自主的に開催してくれています。お陰様で多くの人に武学を体験していただく機会が増えてきました。仲間の皆さんにはいつも本当に感謝しています。

本書の内容は私が経験したことや、師匠たちから学んだり聞いたりしたことですが、「私があなたにお伝えすることが事実かどうか?」が重要ではありません。

「あなたが志を成就するために、そして人生をより向上させ面白くするために活用できるかどうか?」が重要です。

武学は「教えのない教え」です。「人にはすべて必要なものが備わっている」ことを前提にしていますので、「教え」はありません。あるのは、教えではなく「気づき」です。武学はその引き出し方の仕組み・稽古法があるだけです。つまり武学とは、あなたがあなた自身になるためのツールなのです。

では次章から、真の「あなた自身」になるためのワークを始めていきましょう。

第一章

あなたの人生を創造するのは誰？

「何のために」を明確化する

かつて私は子どもたちに中国武術を指導していました。

毎年必ず「もうすぐ受験で勉強に集中したいから、道場を退会させてください」と退会を希望する中学生たちがいます。

そんなとき、いつも私はこんな質問をしていました。

「何のために勉強するのですか？」

すると、彼らは決まって『高校に行くためです』と答えます。

「なるほど。では君は何のために高校に行くのですか？」と質問すると『それは、大学に行くためです』と答えます。これも大体、決まった答えです。

「何のために大学に行くのですか？」と聞くと『就職するためです』と答えます。必ずこの答えが返ってきます。

「何のために就職するのですか？」と聞くと『働くためです』と。

「じゃ、何のために働くの？」と聞くと『お金を稼ぐためです』と答えます。

「だったら今からお金を稼げばいいのでは？」と私が言うと『いいえ、行きたい職場でお金を稼ぎたいです』と答えるのです。

「では、どんな職場がいいの？」

『人間関係が良くて、休みが多くて……』

「ふむ。君は人間関係を自分以外の他人が作ってくれている所に行きたいの？」

『いや、そういうことではないですけど』

「休みが欲しければ働かない方がいいのでは？」

『それじゃ食っていけません』

「植物の種と畑を借りれば、自分で食えるよ」

『やりたいことができないじゃないですか』

「やりたいことはお金がいることなの？」と聞くと『はいそうです』と言います。

彼のやりたいことって何だろう？　私は質問を続けます。

「じゃ、やりたいことって何ですか？」

『えーと、海外旅行に行って、ディズニーランドに行って……』

「やりたいことって、お金を使って遊ぶことかい？」

『…………』（答えられないでいる）

「自分の遊びのために高校や大学に行きたいの？」と聞くと『そうではないですけど……』と言葉を濁します。

そこで私は「君は海外旅行をして、遊園地で遊ぶために生まれてきたの？」と聞くと
『…………』（答えられないでいる）

さらに私は「海外旅行ができて、遊園地で遊べたら、それで死んでもいいのですか？　最高に幸せな人生だった！　と言えますか？」と聞きます。

『…………』彼らは一様に沈黙をしてしまいます。

かの吉田松陰は私塾・松下村塾の入塾希望者に「君は何のために学ぶのですか？」と必ず問いかけました。多くの入塾生は「書物を読めるように勉強をしたい」と答えました。松陰は「学者になってはいけない。人は実行が第一です」と諭し、人生の目的である「志」と「学ぶ目的」を明確にさせてから勉学を教えていたそうです。

そもそも日本には、古くは奈良時代から元服といって、現代で言えば中学生にあたる年代の子どもたち――特に公家や武家の子どもたちは「立志」していました。

立志とは志を立てること。つまり、昔の子どもたちは自分の生きる意味・生きる目的について考え、自分の志を明確にしていたのです。

現代の子どもたちだけではなく、大人たちも自分の生きる意味・生きる目的が分からずにいます。私は毎日のように全国各地で講演活動をしていますので、年間およそ2万人の老若男女様々な人たちと会う機会があります。その中でいつも感じることは、お金や健康・人間関係に悩む人も多いですが、人生の目的・方向性が定まらず、将来に漠然とした不安を抱えて生きている人も数多くいるということです。

「あなたは何のために今の仕事、活動をしていますか？」

この質問にあなたはどう答えるでしょうか？

人が思わず聞き入るような情熱で今の仕事や活動について語れるでしょうか？

それとも「お金を稼ぐため」と答えるでしょうか？

いつのまにか手段が目的化してしまっていることは往々にしてあります。勉強やお金は何かを成し遂げるための手段であって、目的ではありません。まずは目的、それも表層的な目的ではなく「真の目的」を明確化することから始めましょう。

サムライ・セルフ・マネジメント

本書で紹介していくSSM（サムライ・セルフ・マネジメント）は大きく分けて三つのパートから成り立っています。

まず第1パート（第一章〜三章）では、「目的と目標の違い」「夢と志の違い」などを確認した後、あなたの生きる目的である「志」を引き出していきます。

志という自分軸を決めないことには、流されるままに生きることになります。ですので何よりも先に最初のパートであなたの志を引き出します。

よくある誤解として「志を決めたら一生変更ができないのですか？」「生き方を固定化する

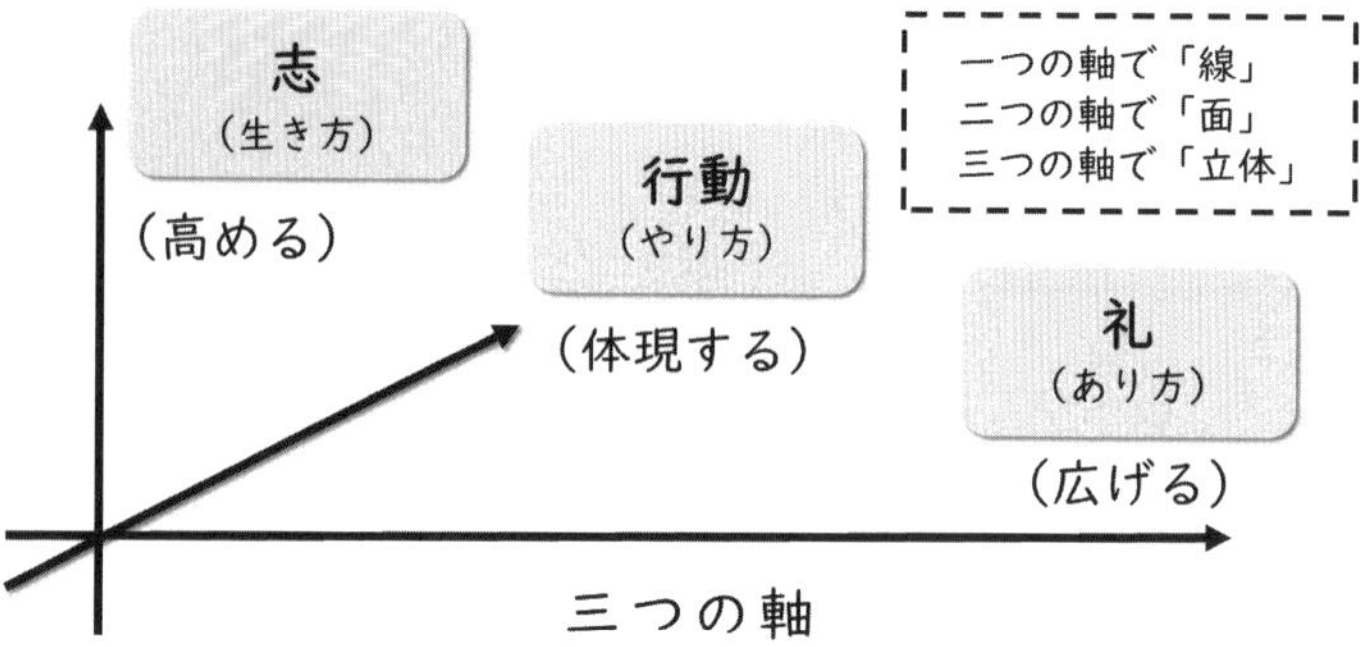

のは嫌だ」と言う人がいます。志は自分自身の成長とともに変化していくものです。私自身もこれまで1000回以上、志のブラッシュアップを重ねています。

第2パート（第四章・五章）では「礼」についてお伝えします。志を縦軸「生き方」とするならば、礼は横軸「あり方」です。理想に向かって進むときには少なからず周囲との摩擦を起こすことがあります。誰しも多かれ少なかれエゴがあるからです。そこで他者と和する自分であるために、日々「礼」で自分自身のあり方を整えます。

第3パート（六章）は「行動」です。

志は「行動」に移さなければ意味がありません。あなたの志をこの世界で実現していくための具体的な行動プランの作成法と管理法についてお伝えしていきます。

この方法は世界トップ約30名から学んだ叡智とフォーチュン500企業の約8割が取り入れている会議法・マネジメント術を参考に、武学的な視点で改良を加え個人向けにカスタマイズしたものです。「目標を立てても三日坊主で終わってしまう」という人でも、本書の方法を用いれば、「きちんと最後まで丁寧に誠実にやり遂げる自分」になることができるでしょう。

「志」「礼」「行動」。この三つの軸で生地を編んで服を作るように、あなたの人生を創造していきます。どれか一つが欠けてもこの仕組みは機能しません。そのためには、当然ですが自分が主体となって行動していくことが必要です。この本を読んだだけでは机上の空論、人生何も変わりませんのでその点はくれぐれもご注意ください。

目的と目標の違いを知る

まずは「目的」と「目標」の違いを明確にしておきましょう。

人によってはこの二つを同じ意味で使っていたり、混合していたりする場合があります。ですが「目的」と「目標」はまったく違うものです。

この違いを明確にしないことには、思うような成果を得ることができません。そればかりか、「何のために自分は努力してきたんだろう……」と虚無感に襲われることにもつながります。

では、目的と目標の違いとは何か？

目的は「追求するもの」で、目標は「達成するもの」です。

たとえば次の二つのどちらが目的としてふさわしいでしょうか？

Aさん「私が起業する目的は月収100万円を稼ぎたいからです」

Bさん「私が起業する目的は安全な食を提供することで、人々の健康と笑顔を守り豊かな社会作りに貢献したいからです」

Aさんみたいな若者はたまに見かけますが……目的は追求するものなので、これは目標と言うべきです。それより問題なのは完全にお金が目的になっていることです。もちろんですが、ビジネスでお金を稼ぐことは悪いことではありません。しかしこの目的を聞いたとき、あなたはAさんを応援したいと思うでしょうか？　協力したいと思うでしょうか？　きっと答えはノーでしょう。

Bさんの目的はAさんと比べると目的としてしっくりくると思います。理念とも言えるものです。この理念に賛同する人はBさんを応援し協力したいと思うでしょうし、Bさんの商品やサービスを購入したいと思うでしょう。

この目的があった上で、より多くの人に安全な食を届けるため「開業3ヵ月後には売上100万円を目指そう」といった目標を設定すれば問題ありません。

目的は「目指す理想の世界」と言えるものです。追求していくものなので、ゴールという概念はありません。

目標はその目的に向かう過程にあるチェックポイントやマイルストーンというイメージです。ですので目的一つに対して、目標は複数存在することになります。

目的と目標の違い

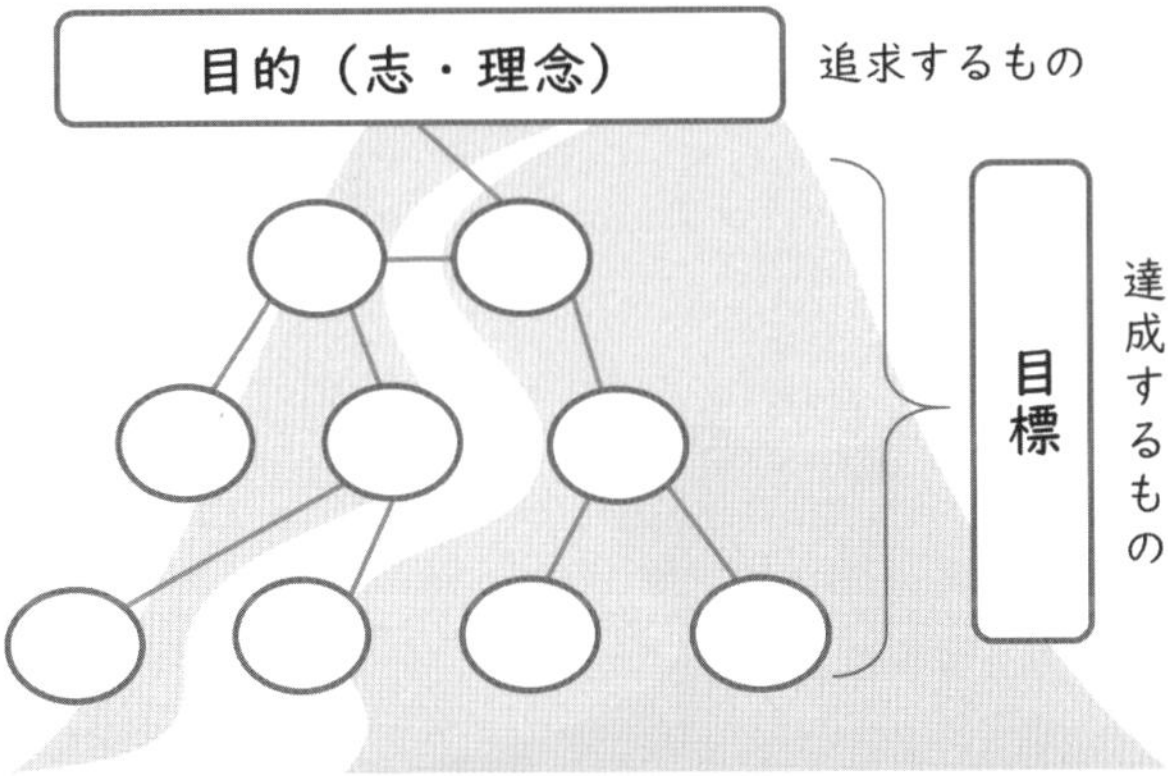

目的	目標
追求するもの	達成するもの
抽象的	具体的
行き先・方向性	道しるべ
目的は一つ	目標は複数
目的はぶれない	目標は手段であり いくらでもある

目的は自らの成長に伴い
変化する(大きくなる)ことがある

目的なき目標は人生の迷い子になる

目標はあくまで通過点。指標となるチェックポイントやマイルストーンです。それを目的のように捉えてしまうと、迷走することになってしまいます。

たとえば、大学生の就職活動。人生において就職は目的ではないはずです。ですが、目的になってしまいがちです。

熾烈な就職活動を戦い抜き、内定が決まった瞬間は喜びもひとしおでしょう。しかし実際に働き始めて1ヵ月もすると「こんな仕事をするために自分は今までがんばって来たのか？」「こんな生活があと何十年も続くのか……」とやる気を失ってしまう若者もいます。いわゆる五月病です。

人生の目的が明確であるならば、「この仕事は自分の人生にとって必要ない」と判断し、転職するなどして行動を修正することができます。逆に「今のこの下積みは自分にとって必要な経験だ。がんばろう！」と気を取り直すこともできます。

このように人生の目的という自分軸がなければ、外部環境に右往左往するだけで、自分はどうすればいいのか判断できずに悩むことになってしまいます。

また若者だけではなく中高年以上の層も、人生の目的がはっきりしていないがために迷走してしまうことがあります。ミッドライフ・クライシス、燃え尽き症候群と呼ばれているものです。ミッドライフ・クライシスは30代40代になり仕事や私生活が順調でも「本当に人生このままでいいのだろうか？」と悩む人たちのことを指す言葉です。欧米ではすでにこの言葉が一般的になり、社会問題として認知されています。

燃え尽き症候群は定年退職した男性がなりやすいと言われています。

定年退職を迎え自由な時間ができ、初めのうちは余生を楽しもうと、旅行に行ったり、疎遠になっていた友達に会いに行ったり、趣味に打ち込んだり、家でゴロゴロしてテレビや映画を楽しんだりします。しかし、しばらくすると「やることがない」「つまらない」「友達や仲間がいない」「自分の人生って何だったのだろうか？」と空虚な気持ちに陥ってしまうことがあります。長年携わっていた仕事がなくなることで、自分の存在意義までなくしてしまうのです。これは子育てが終わった主婦や、ビジネスで大成功し若くしてセミリタイアした人にもありがちなケースです。

しかし、人生に漠然とした不安を覚えることは、誰しもあることです。それ自体は悪いことではありません。むしろ人生を考え直す良い機会です。

武学では闇から光を見るという発想をします。「理想があるから問題が発生する」という考え方です。問題（闇）を明確化していくことで本当の自分の理想（光）が浮かび上がってきます。悩みや問題というものはネガティブに捉えがちですが、実は現状から抜け出すための新たな扉となるのです。

もし今あなたが人生の方向性に悩んでいるのであれば、第三章以降のワークに真剣に取り組んでみてください。心は目には見えませんので言語化することが大切です。

マザー・テレサにお金があったのか

あるとき、大学卒業を半年後に控えた女性と話をしました。

彼女は、進路についてとても悩んでいました。

彼女は留学生として日本の大学に通っています。すぐに誰とでも打ち解けることができ、みんなに優しくて友達も多い人望のある魅力的な女性です。そんな彼女は卒業後に祖国に帰るつもりでいますが、ご両親からは給料が高く待遇もいい安定している公務員になることを勧められています。彼女は公務員という仕事にあまり良いイメージを持っておらず、両親が望む通りにするべきかどうか悩んでいました。

そこでいくつか質問をしてみました。

「あなたの本当にやりたいことはなんですか？」

「卒業後すぐの未来ではなく、将来の理想は？」

「残り50年の命だとしたら、その50年をどうしますか？」

最初は、お金の心配、親の要望、病気をするかもしれないなど、狭い枠の中で考えていました。「なぜそんなにお金が必要なんですか？」と聞くと、「私の国では、日本と比べ物にならないくらいの貧富の差に苦しむ子どもたちがたくさんいます。私は、その子どもたちを救いたいのです」と語ってくれました。だからこそお金が必要なのだと。

本当にお金がないと社会貢献はできないのでしょうか。

お金での社会貢献が本当に人々を救うのでしょうか。

マザー・テレサにお金があったのでしょうか。

せっかく心から祖国を良くしたいと思っていても、現在の自分から見た未来では、できることは限られてしまいます。

しかし、理想や夢でも将来ありたい姿から自分を見たときに、道は開けてきます。

自分の枠を超える思考法とは？

目的や目標を設定する上で重要な考え方をお伝えしておきます。

基本的にこの二つの考え方があります。

❶フォア・キャスティング（現在から未来を予測する）

❷バック・キャスティング（未来から現在を逆算する）

どちらが良いというわけではありません。

❶フォア・キャスティングは「現在の自分」を起点として未来を予測する考え方です。これまで学習したこと・経験したこと・現在の状況などを基に、未来を予測します。現実的で堅実な考え方ですが、その反面「自分の枠内での思考」になってしまいがちです。

「サーカスの象」という話をご存じでしょうか？　子どもの頃から鎖につながれていた象は、大人になってその鎖を引きちぎる力を手にしても、過去の経験に囚われてそれをしようとはしません。「自分を変えたい」「人生を変えたい」と思いながらも、なかなか変われないのは、フォア・キャスティングの考え方をしている場合が考えられます。

❷バック・キャスティングは「理想の未来」から逆算する考え方です。ここでポイントとなるのが「自分の枠の外へ出る」ということです。これまで学習したこと・経験したこと・現在の状況などに囚われず、まずは先に理想の未来を設定します。

もし、あなたが「これまでの生き方を変えたい」「自分にはもっと可能性がある」「現状を突き破って大きく成長したい」「これまで誰も成し遂げられなかったことを達成したい」と思うのであれば、バック・キャスティングで理想の未来を設定してみてください。公言するかどうかはさておき「ビッグマウス」でいいのです。

その理想を達成するためのやり方がまったく分からなくても構いません。むしろやり方が分からないからこそ、自分の枠を破壊し、より成長していくための力となります。また、これまでの

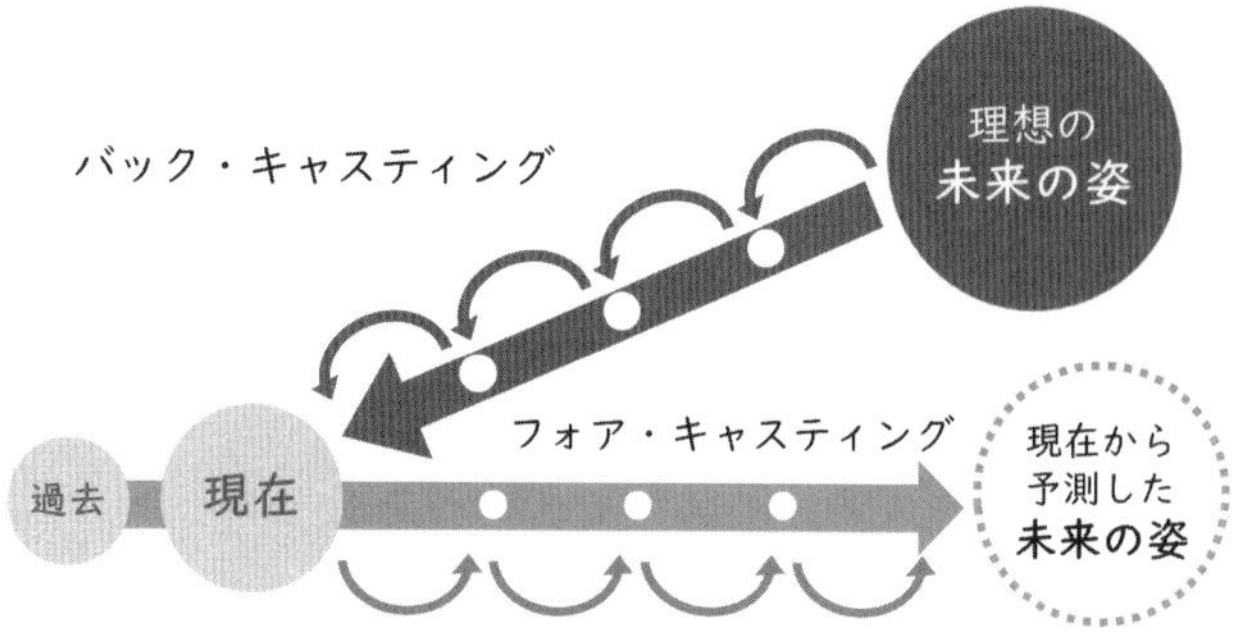

自分にはなかった新たな発想も降りてきやすくなります。

バック・キャスティングは、歴史的な偉業に結びついた例もあります。

その一つが、人類初の月面着陸を成し遂げたアポロ計画です。

当時、ソ連より宇宙開発で大幅な後れを取っていたアメリカ。ジョン・F・ケネディが大統領就任後に有人での月面着陸の実現を宣言しました。

「我々が10年以内に月に行こうなどと決めたのは、それが容易だからではありません。むしろ困難だからです。この目標が、我々の持つ行動力や技術の最善と言えるものを集結し、それがどれほどのものかを知るのに役立つこととなるからです」

ケネディがこの演説をした時点では、1ヵ月前に1人の飛行士を宇宙に送ったばかりでした。しかもそれは、地球を周回する衛星軌道に乗ったものではなかったのです。

そんな状況でありながらも進むべき目標が技術者の間で

共有され、1969年7月20日、アポロ11号が月面に着陸したことにより、予想より早いスピードで計画が実現しました。近年では有人での月面着陸を疑う向きもありますが、この成功事例は「ムーンショット」という名でビジネスの現場でも活用されています。

また、お笑い芸人・絵本作家・オンラインサロンの運営などマルチな活動をしているキングコング・西野亮廣さんもバック・キャスティングを得意としています。

あるとき西野さんは急に思い立ち、1ヵ月後にニューヨークで個展を開催することを決めました。その時点では完全に計画は白紙の状態です。おまけにニューヨークには何のツテもコネもありません。普通に考えれば無茶な計画です。個展開催から逆算して考えると「会場が決まってない」「資金がない」「集客はどうするのか?」などの問題が出てきました。

まずは会場。ニューヨーク中のギャラリー約80軒に英和辞典を片手に直接連絡を取り、会場は決定。そして資金調達は当時(2013年)まだ社会的に認知されていなかったクラウドファンディングで、炎上騒ぎがありながらも無事に調達。集客はニューヨークにいると思われる日本人をSNSで調べ上げ、一人ひとり個別にメッセージを送るという接近戦。その結果、3日間で1800人を動員することができたそうです。

理想の未来を設定すれば、当然立ちはだかる問題や障害が出てきます。

人間には通常、現状維持バイアスがありますので「お金がないから無理」「時間がないから無理」「未経験だから無理」「人脈がないから無理」など、変化を恐れてできない理由ばかりを挙げがちになります。しかし、理想の未来を実現するのであれば、できない理由を挙げて終わるのではなく「どのようにすれば○○は解決できるだろうか？」という質問を自分自身に問いかけることで道は開けます。

「人生の質は質問の質」という言葉があるように、「どのようにすれば？」という質問を脳に投げかければ、脳は解決策を探し始めます。それでももし解決策が出てこなければ、人に聞いてみたり、ネットで検索したりすれば、ほぼ100％その解決策が見つかるはずです。

未来の自分がどうなっているのか？　それは誰にも分かりません。未来は決まっていないからです。決まっていないということは、自分で自分を枠の中に押し込めない限り可能性は無限大です。

人生に意味や目的はない

「自分はいったい何者で、何がしたいのかが分からない」
「自分がなぜ生きているのか、何のために生きているのかが分からない」
「自己啓発からスピリチュアル、占い、心理学、哲学、宗教、いろいろと足を突っ込んでみたけれど見つからない」

私の元には、そういった悩みが多く届きます。

結論から言いましょう。そもそも、人生に意味や目的はありません。「ない」のです。私たちは未設定の状態で生まれてきています。その「ない」ものを見つけようとして探しているから、いつまでたっても見つからないのです。

「人生の意味や目的がないなんて、あんまりだ……」と思う人が中にはいるかもしれません。ですが、「ない」からこそ、自分自身で自由に創ることができます。

仮に創造主のような存在がいたとしましょう。その創造主が「あなたの生きる意味は〇〇です」「あなたの人生の目的は〇〇をすることです」と決めて私たちを造ったのであれば、それはただのロボットです。プログラムされた命令に従って行動することしかできません。「自分は何のために生きているのか？」という疑問すら浮かんでこないはずです。しかし、人間はほかの生物とは違って自由意思があり「創造力」を与えられています。であるならば、人生の意味や目的は「自由に自分で創り出していい」のです。

ただし、注意が必要です。それを自分の外側に探し求めると、おかしなことになります。自由意思がある反面、誰かの洗脳を受ける危険性もあります。

宇宙の真理はあなたに宿っている

たとえば宗教。この宇宙の真理を説き、人間として生きるべき道を指し示しているかと言えば……どうでしょうか。もしそうであれば、今頃世の中はとっくに良くなっているはずです。しかし良くなるどころか歴史を見れば、宗教を背景にした争いばかりです。どの宗教の教えもこの宇宙の真理を切り取った部分情報にしか過ぎません。その部分情報同士が正しさを主張し合うから争いが起きるのです。

部分情報という点では、哲学、心理学なども同様です。どこかの誰かがまとめた部分情報の枠の中に入って、自分の本当の生きる意味・目的をつかむことができるでしょうか？

武学の場合は宗教や哲学・心理学のような概念ではなく、「身体」つまり細胞やＤＮＡにプログラミングされた情報から導き出すことをします。

宗教や哲学・心理学、スピリチュアルや占いは実体のない概念であり、人間の「思考」が作り出した人工的なものです。

それに対して「身体」は実体であり、天地宇宙が創り出した自然物ですので宇宙の真理を宿していると言えます。そして生命誕生から38億年。過酷な自然環境を生き抜き進化を遂げ、祖先から命のバトンを受け継ぎ、今ここに存在しています。

つまり私たちの身体は「宇宙の真理」そして「38億年の叡智」が宿っています。人間の思考で作り出した理屈や概念よりも、その情報の質・量ともにはるかに凌駕しています。そして何よりも、「身体」は全人類共通なので、宗教や思想のように解釈の違いでぶつかることは起きません。

その身体に質問を投げかけて答えを導き出す仕組みがあったとしたら、どうでしょうか？
その仕組みが武学にはあります。

「考えるな。感じろ」を実体験する

天地宇宙から賜りし「身体」が、人工的な「思考」よりも賢いことを検証する実験をしてみましょう。「手のひらワーク」と呼んでいる体感ワークです。

【手のひらワークのやり方】

❶ペアになってAさん・Bさんを決めます（写真①）。
❷Aさんの手のひらの上にBさんが手を置きます（写真②）。
ここまで準備ができましたら……
❸Bさんは「Aさんの手の動きをよく見て」手が離れないようについて行きます。
Aさんは前後左右に自由に手を動かします（写真③④⑤⑥）。
はじめはゆっくりと手を動かし、少しずつスピードを上げてみましょう。

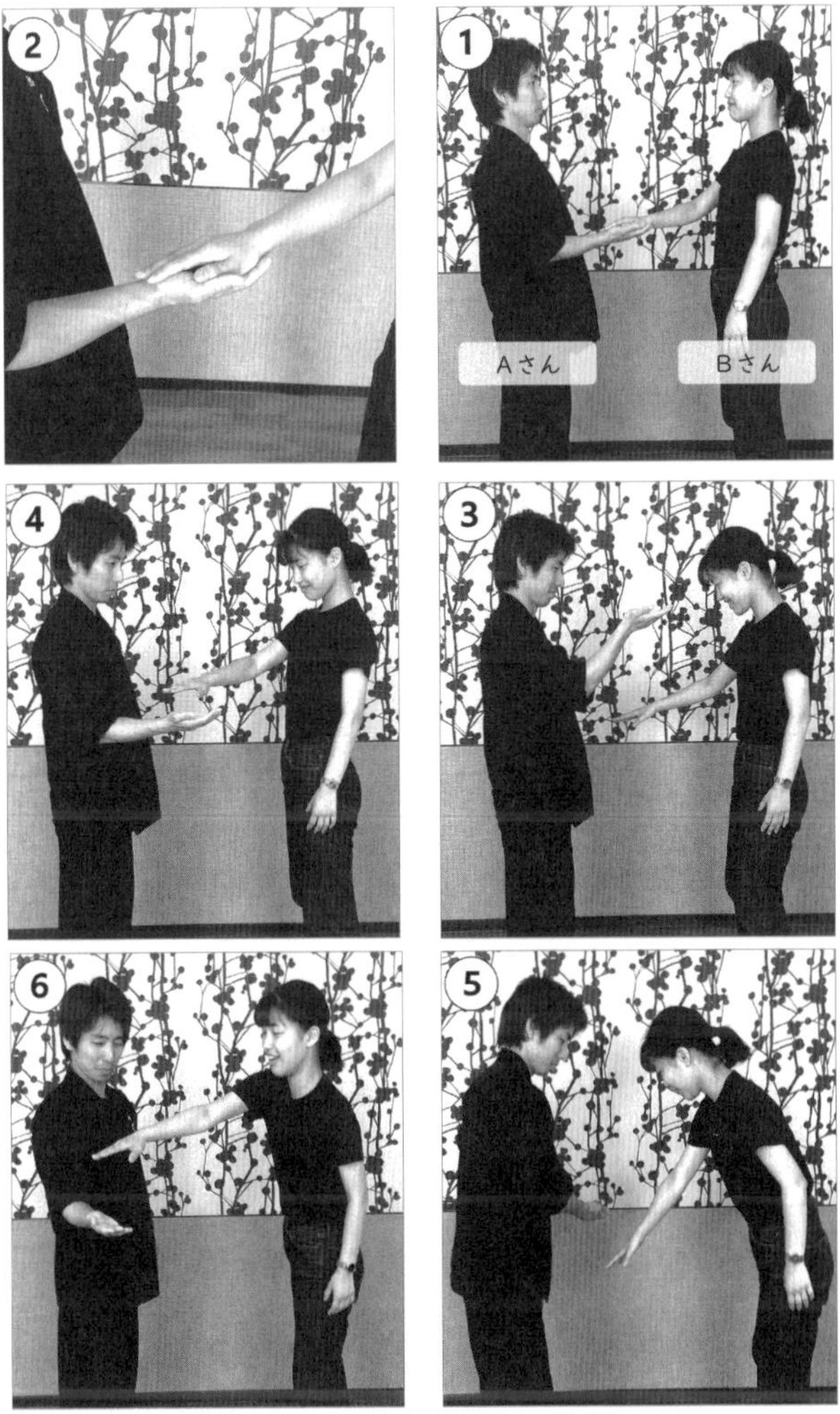
1
Aさん
Bさん
2
3
4
5
6

いかがでしたでしょうか？　BさんはAさんの手の動きについていけたでしょうか？

おそらくほとんどの場合、Aさんの手の動きについていけなかったと思います。そんなBさんのために、秘密のレシピを伝授します。

そのレシピとは「目を閉じる」です。


また先ほどと同じ手順で手のひらワークをやります。

Aさんの手のひらの上にBさんが手を置きます（写真⑦）。

Bさんは「目を閉じて」いったん深呼吸をして、Aさんの手のひらの温かさ、感触を感じてください（写真⑧）。

Aさんは先ほどと同じように手を前後左右に自由に動かします。

Bさんは「目を閉じたまま」Aさんの手の動きについていってください。

するとどうなるでしょう……

「目を閉じる」ことによってAさんの手の動きに、難なくついていけるようになれたはずです（写真⑨～⑫）。

ここまで確認できましたら、Aさん・Bさんの役割を交代して、同じ手順で体験してみてください。

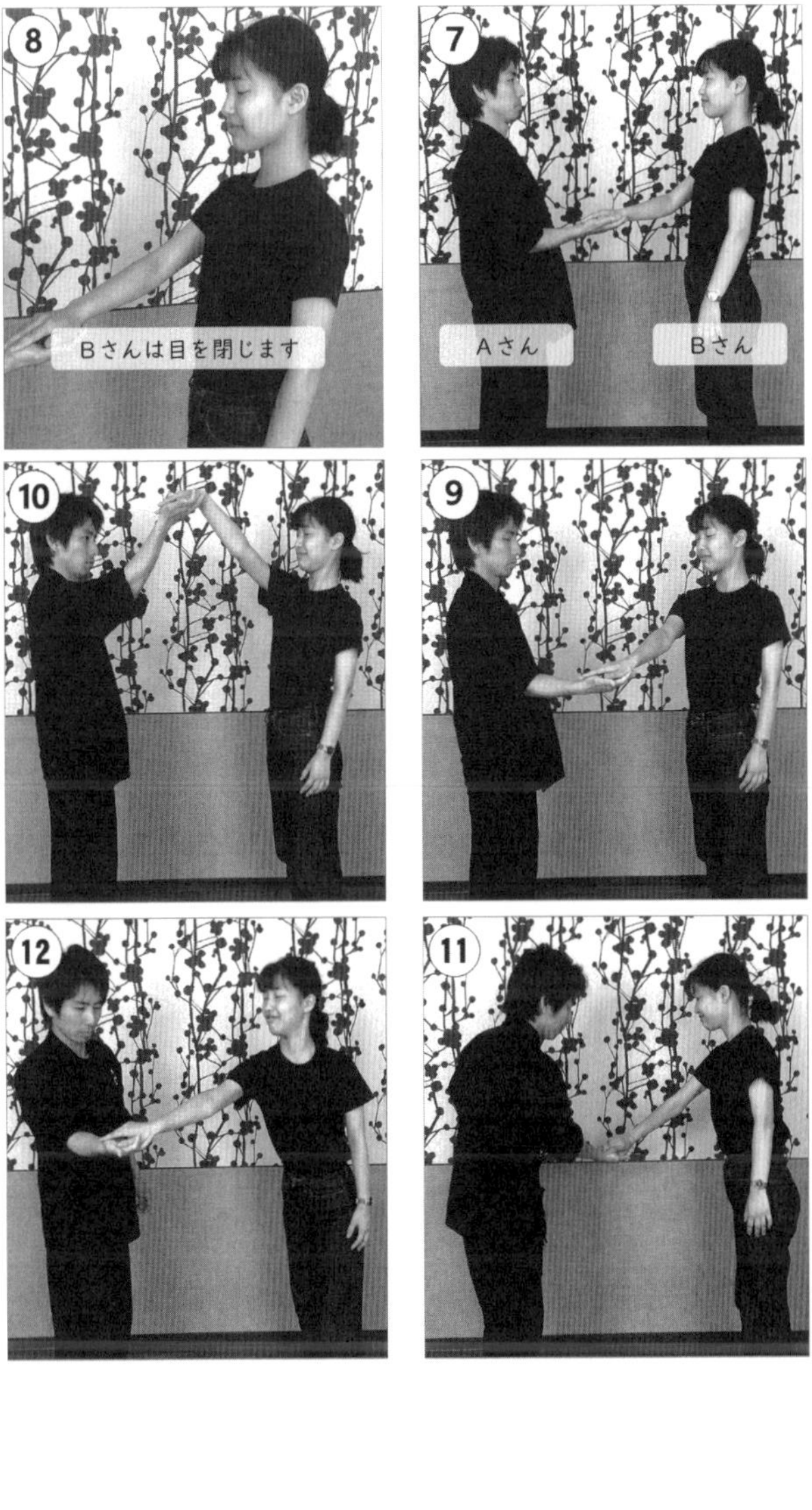
7
Aさん
Bさん
8
Bさんは目を閉じます
9
10
11
12

この手のひらワークをワークショップで実際に体験した皆さんの感想を紹介しておきます。

「不思議の一言です。目を閉じたのに余裕で相手の動きについていけました」

「目を閉じていると肩の力が抜けたようで楽についていけました。目を開けているときは、頭でいろいろ考えてがんばって追いかける割にはついていけず、無駄な力を使ってるなぁと思いました」

「目を閉じていると相手に任せて動いていける感じがしました。普段、余計なことばかり考え過ぎて、それが自分の行動を邪魔しているのかなと思いました」

「目でよく見ているときは反応が完全に遅れましたが、目を閉じて相手の手のぬくもりを感じていると直感力が働くのか、相手が動いた瞬間に分かるようになりました」

38億年の叡智を引き出す

なぜ、Aさんの手の動きを「よく見る」と、ついていけなくなってしまうのでしょうか?

それは、視覚を使うと「思考が介入」するからです。よって反応が遅れて、Aさんの動きについていけなくなります。

神経学の権威、ベンジャミン・リベット博士は、事象が発生してからそれを意識するまでに0・5秒かかることを厳密な実験で証明しています。ということは、「Aさんの手が動いた!」

とBさんが意識したときには、もうすでに0・5秒遅れているのです。

このプロセスを細かく見てみましょう。

❶視覚から脳へ

Bさんは A さんの手の映像（可視光）を目の網膜から取り入れ、脳の視覚野に伝達します。

❷思考の介入

脳は、自分の手をどう動かすのかを思考し判断を下します。

❸脳から運動機能へ

脳で決定した命令を脳幹から身体の運動機能に伝達します。

このような一連のプロセスによって反応が遅れることになります。


普通に考えればAさんの手の動きを「よく見る」方が、ついていけそうな気がします。しかし実際のところは違うのです。

おそらく多くの人は、物事を判断するのは思考、つまり「脳」で行っていると思っているでしょう。しかし思考が介入すればするほど、相手との分離（ズレ）を起こしてしまいます。逆に思考をストップして「身体の叡智」に任せることで、相手をよく感じられるようになり、分離ではなく「調和」することができるのです。

このワークで検証したように、身体は思考ではできないことをやすやすとこなします。しかも無意識下で自動的にです。何の努力も苦労もなくできてしまうということは、元々そういう能力が私たちの身体に備わっているということです。

もし、この38億年の叡智が宿った身体の潜在能力を思うままに発揮することができたとしたら……あなたの人生にとって、そして全人類77億人にとって大きなプラスになると思いませんか？

その身体に秘められた叡智をあなたにお伝えすることが、実は本書のテーマの一つでもあります。

第二章

夢と志

夢と志の違いとは？

私のワークショップでは参加者の皆さんに「夢」と「志」の違いについて考えるワークの時間を設けています。

あなたのイメージで構いません。少し時間をとって考えてみてください。参考までに、これまで参加された皆さんの回答を紹介しておきます。

夢とは？	志とは？
・個人的な願望 ・叶わない ・儚《はかな》い ・フワフワしている ・楽しいもの ・物欲的	・世のため人のため ・みんなから応援される ・嘘がない ・ぶれないもの ・命を懸けるもの ・受け継がれるもの

「私の『志』はビジネスで成功してフェラーリに乗ることです」と聞くと違和感を覚えると思います。「私の『夢』はビジネスで成功してフェラーリに乗ることです」であれば文章的にしっくりくるでしょう。

では「医者になること」は、夢でしょうか？　志でしょうか？

「医者になる」だけでは、個人的な願望に聞こえますので、夢のような印象がすると思います。

「医者になって世界中の病気で苦しむ人たちを救う」であればどうでしょうか？　志としてしっくりくると思います。

私には夢がある

「私には夢がある（I have a dream）」と演説したのはキング牧師の名で知られるマーティン・ルーサー・キング・ジュニアです。

1963年8月28日、ワシントンD.C.に集結した約25万人の聴衆を前に彼はこのように言いました。

「私には夢がある。ジョージア州の赤い丘の上で、かつて奴隷として使われていた側の黒人の子どもたちと、奴隷を雇っていた側の白人の子どもたちが、兄弟のように一つのテーブルに着く、そんな日がいつかやって来るという夢が」

Dreamは日本語で夢と訳されます。ですがこれは夢というよりは、志といった方が日本語的にはしっくりくるのではないでしょうか。

「私には夢がある」といっても個人的な夢は他者からは応援されにくいものです。「世界一周旅行に行きたい」「ハワイに別荘を持ちたい」「資産10億円を築きたい」などの個人的な夢は、「勝手にどうぞ、がんばってください」と思われてお終いです。ですが、夢を世のため人のためになる形で志に昇華すれば、どうでしょうか？　たとえばこのような感じです。

夢「私の夢は、世界一周旅行に行くことです」

志「私の志は、世界中を旅して多くの人々と異文化交流を深め、お互いを尊重することができる平和な世界を創ることです」

個人的な夢だとしても志に昇華することで、人の胸に響き、あなたを応援し支援してくれる協力者が現れたりします。よってあなたの夢（志）が叶いやすくなるはずです。

夢と志の違い。それは自分自身のベクトルが「内向き」「外向き」の違いと言えます。夢は個人的なもので、志は社会性があるもの。そして志は人の心を打つものであれば、本人が道半ばで倒れたとしても、同世代だけでなく世代を超えて受け継がれていくものです。

夢と志の違い

夢	For me 私がしたいこと	ベクトル内向き 
志	For you 社会のために私が 実現したいこと	ベクトル外向き 

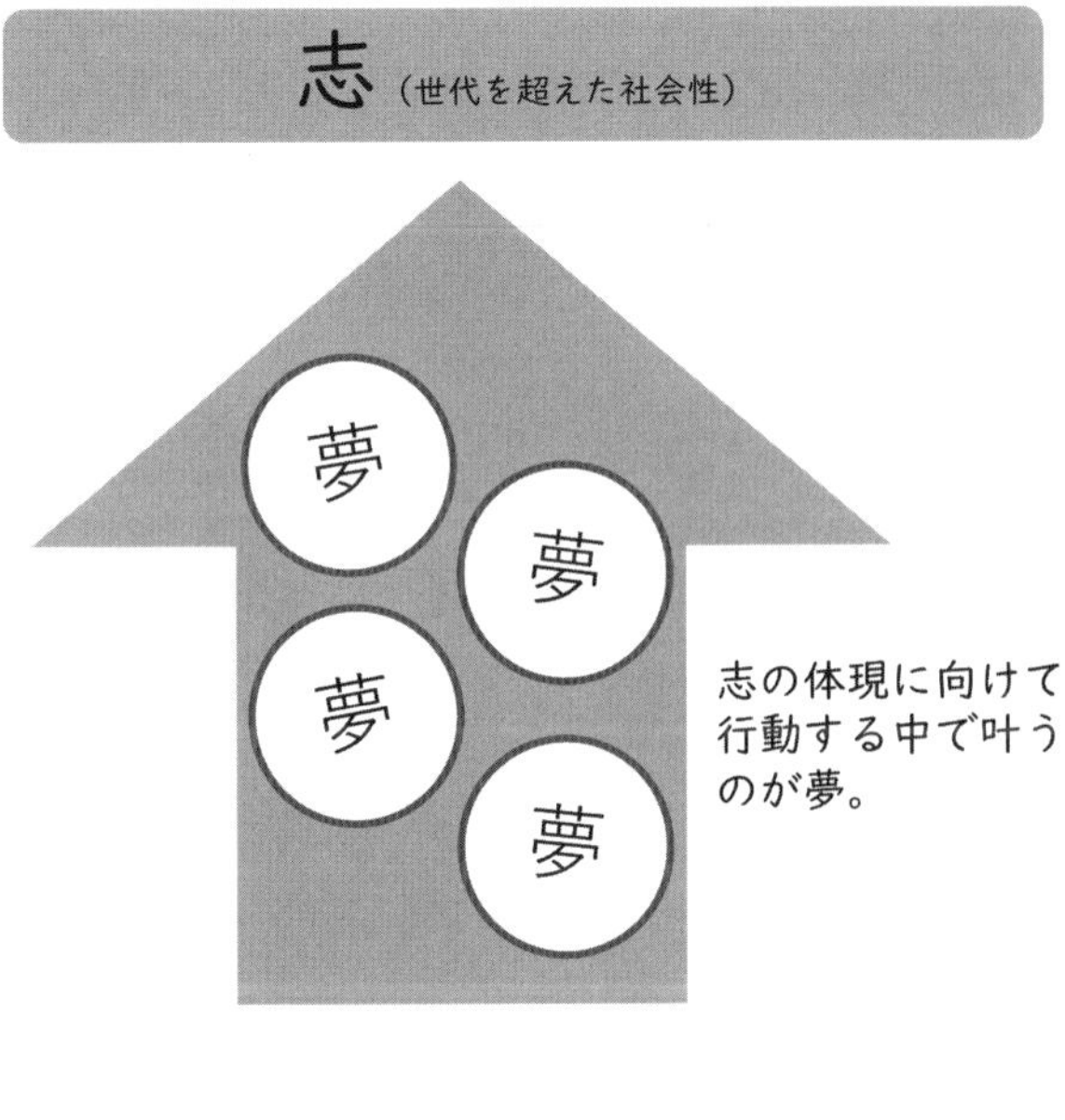

なぜ徳川家康は250年間、戦争のない国を築けたのか？

これまでの歴史で武学をうまく活用した人物がいます。その一部を紹介すると魏の曹操、諸葛亮孔明、武田信玄、徳川家康、ナポレオン・ボナパルト、吉田松陰。現代では孫正義、ビル・ゲイツが孫子の兵法を愛読書として挙げています。

その中でも人類史上最も武学を使いこなしたのが徳川家康です。家康は若かりし頃、武田信玄に敗北し命からがら自領へ逃げ帰った苦い経験があります。

当時、戦国最強と謳われていた武田信玄。有名な武田軍の旗印「風林火山」は、孫子の兵法の一節から用いたものです。家康は信玄の強さの秘密が当時の日本ではマイナーだった「孫子の兵法」であることに気づきます。そして研究・実践・検証をくり返し、孫子の兵法を自分のものにしていきました。

1603年に江戸幕府を開いた家康は、戦国時代に終止符を打っただけではなく約250年間、国内外ともに戦いのない泰平の世を築きました。これは戦争の歴史とも言われる人類史の中で奇跡的な快挙です。その数々の施策の基になっているのは、「自分も負けない、相手も負けさせない」自他不敗の活学・武学であり孫子の兵法です。その概念を国家レベルで実体化した好例と言えます。

当時、諸説ありますが江戸の町は最盛期で人口約１２０万人。次に人口が多かったのがイギリスのロンドンで約90万人です。

江戸の町は世界一の人口でありながら犯罪は少なく、町は清潔に保たれていて上下水道も整備されていました。食料や資源のすべては国内でまかない、自然と共生した循環型のエコシステム。庶民の識字率も高く、浮世絵・歌舞伎などの文化も花開きました。

一方、同時期のヨーロッパの城下町では、汚水やゴミが路上に散乱……。ひとたびペストやコレラといった伝染病が発生すると、瞬く間に蔓延し、悲惨な状況になっていました。江戸も疫病は存在しましたが、パンデミックのような過酷な状況を呈することはほとんどありませんでした。

ツュンベリーが「随行記」に著した日本人の潔癖さ

戦後の歴史教育では江戸時代について、ネガティブな面が強調されているように見受けられます。そこで外国人から見た当時の日本の様子を紹介しておきましょう。

1775年（江戸時代中期）オランダ出島商館の医師として日本に1年滞在していたスウェーデンの医学者・植物学者であるC・P・ツュンベリーの江戸参府随行記です。その一部を抜粋します。

「地球上の三大部分に居住する民族のなかで、日本人は第1級の民族に値し、ヨーロッパ人に比肩するものである」

「こんなにも人口の多い国でありながら、どこにも生活困窮者や浮浪者はほとんどいない」

「清潔さは、彼らの身体や衣服、家、飲食物、容器等から一目瞭然である」

「どの町や村でも、信じられないほど多数の物が商店で売られている」

「正直と忠実は、国中に見られる。そしてこの国ほど盗みの少ない国はほとんどないであろう。強奪はまったくない」

「工芸は国をあげて非常に盛んである。工芸品のいくつかは完璧なまでに仕上がっており、ヨーロッパの芸術品を凌駕している」

「子どもたちに読み書きを教える公の学校が、何か所かに設けられている」

――引用　江戸参府随行記（平凡社：東洋文庫）　C・P・ツュンベリー著

ツュンベリーの随行記から、日本人を表すキーワードを抜き出すと「清潔」「正直」「公正」「勤勉」「節約」「巧みな工芸」「商品が豊富」「犯罪の少なさ」「自由」などが挙げられます。

ではなぜ、このような平和で豊かな国を築くことができたのでしょうか？

新渡戸稲造は日本人の倫理的道徳観は「武士道」から来ていると著作に記しました。つまり武士道とは武士だけではなく、時代とともに一般にも普及し日本人の普遍的な倫理的道徳観になったと考察しています。その武士が成人になるための儀式として行っていたのが、第一章の冒頭でも紹介した元服の儀です。

683年（奈良時代）に「結髪加冠の制」が定められ平安中期頃に完成した儀式で、やがて公家から武家にも広がりました。元服の儀では数え年で15歳になった男子が自分の志を立てて神仏に奉納します。そして、立志することで「小人（子ども）」ではなく「大人」としてはじめて認められます。室町時代以降には一般にも広まり、大人の自覚を促す日本の教育文化として定着したようです。

武士は現代で言えば政治家であり、警察官であり、裁判官でもありました。その武士が志を持たずして私利私欲に走れば、国は乱れ滅びます。「武士は食わねど高楊枝」「武士に二言はない」という言葉があります。新渡戸稲造が考察したように武士たちの矜持、気高さがあったからこそ、宗教や政治での強制力ではなく日本人の心の中に自律的な倫理道徳観が浸透していったのでしょう。

志を奪われた日本人

江戸幕府の終末から約70年後——

１９４５年。日本は敗戦後、サンフランシスコ講和条約締結までの約6年間、ＧＨＱ（連合国軍最高司令官総司令部）の占領下に置かれました。

ＧＨＱの一番の目的は、日本が二度とアメリカの脅威にならないように武装解除をはじめ、日本人の精神性を徹底的に破壊することでした。

日本人の精神性を破壊するために行われた政策で有名なのがＷＧＩＰ（ウォー・ギルト・インフォメーション・プログラム）と３Ｓ政策です。

ＷＧＩＰは戦争についての罪悪感を日本人の心に植えつけるための宣伝計画です。

３Ｓ政策は一言でいえば愚民化政策。Screen（映画、ドラマ）、Sport（プロスポーツ）、Sex（性産業）を用いて、日本人を堕落させ政治に関心を向けさせないようにしました。そして教育の分野では現代の道徳にあたる修身が廃止され、歴史の授業では、日本は悪いことばかりしたと教えられ、罪悪感や劣等感を植えつける教育がなされました。その一環として教科書では「志」という言葉を使うことが禁止されます。

そして志は「夢」という言葉に置き換えられ……今日に至ります。

夢という個人的な概念を広めることで、物質的な豊かさが幸せだと思い込ませることができます。その結果、消費を煽ることもできます。

「こんな美味しいものがありますよ」

「こんな素敵な場所に海外旅行に行きませんか」

「こんな豪華な家に住んでみませんか」

「こんなカッコイイ車に乗ってみませんか」

このように世の中にはたくさんの誘惑があります。

確かにそのときは楽しかったりうれしかったりしますが、それればかりでは虚しくなります。

なぜなら、自分の命に根ざしていないからです。

「自分の人生って、いったい何だったんだろう？」

「何のために人生の大半、働いてきたんだろう？」

「もっと違う何かに一生懸命になれたんじゃないか？」

死ぬ間際に後悔する人はたくさんいます。

日本は敗戦後の焼け野原から復興し確かに豊かになりました。ですが、物質的な豊かさと反比例するかのように、精神的な豊かさを失ってきたことは否めません。この戦後から続いている社会洗脳のメカニズムに気づいたのであれば、是正していくことは可能です。


この人生で、何を成し遂げたいのか？

この人生で、何を成し遂げたら死ぬことができるのか？

先人たちは知っていました。「一度きりの人生、一番大切なことに自分の命を使う」それが大和の国のシステム「立志」だったのです。

夢と志のエネルギーの違いを検証する

志と聞いて、このような感想を持つ人がいます。

「個人的な夢を持っていてはダメなんですか？」

「世のため人のために生きなければならないんですか？」

「自己犠牲のように思えて何か違う気がする」

もちろんですが、夢を持つのも志を持つのも自由です。夢がダメだとは言いませんし、「誰もが志を立てるべきだ」という考え方を押しつけたいわけでもありません。

ただし、先人たちが立志していたのは単なる精神論ではありません。合理的な理由があったからです。

実は志を高く持つことで、人間の持つ潜在能力を一瞬にして引き出すことができます。先人たちはこのことを明らかに知っていたのでしょう。

言葉であれこれ説明するよりも、論より証拠。身体の実験で検証してみましょう。

夢と志のエネルギーの違いを身体で検証します。

【夢ｖｓ志の体感ワーク】

2人1組でペアになります。

❶押し相撲をします

まずは今のお互いの力の状態を確認します。

力比べが目的ではありません。この後の力の変化を見ることが目的です。お互い少しずつ力を入れていく感じで、ゆっくりと押し相撲をしてください（**次ページ写真❶**）。

❷勝った人が「夢」を言い、負けた人が「志」を言います。

夢は個人的な願望を言います（**次ページ写真❷**）。

【夢】

例①「私の夢は、自社ビルを建てて、その最上階にオフィスを作って美人秘書を雇うことです」

例②「私の夢は、ハワイに別荘を持ってポルシェを買って、毎日サーフィンすることです」

志はここでは有名企業の経営理念を言うことにします。

【志】

例①「私の志は、人を信じ、人を愛し、人に尽くす心を大切にし、社会に貢献することです」（高島屋グループ）

例②「私の志は、世界中のすべての人々とビジネスの持つ可能性を最大限に引き出すための支援をすることです」（マイクロソフト社）

※世のため人のためという要素が入っていれば経営理念でなくてもOKです

「夢vs志」の体感ワーク

❶ゆっくりと押し相撲をしてお互いの力を確認します。

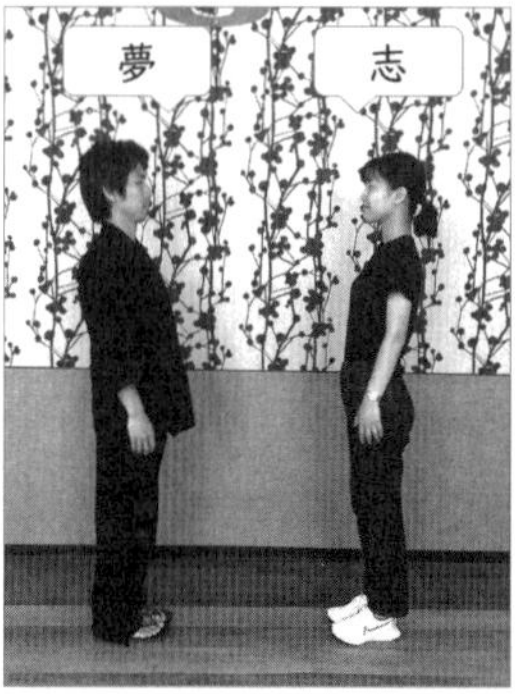

❷勝った人が「夢」負けた人が「志」を言います。

❸再び、ゆっくりと押し相撲をします。

❹夢と志のエネルギーの違いを確認します。

❸再び、押し相撲をします(写真❸)。
❹夢と志を言った後の力の変化を確認します(写真❹)。
ここまで終わりましたら、役割を変えてやってみてください。

この「夢vs志の体感ワーク」を体験した人たちの感想を紹介しておきます。

「志を言ったときは自分がビクとも動かなくなるのが驚きでした。夢を言ったときは、組んだ瞬間から相手を押せる気がしなかったです」

「男女ペアでやったのですが、男の私でも志を言った女性を押せなくなりました」

「志は強くなるというか、夢を言った人の押す力の影響を受けなくなったような気がしました」

「心の違いというのか、言葉の違いというのか、その違いで力が変わるのが面白かったです」

「言葉を言っただけで、本気で心で思ってもいないのに志の方が明らかに強くなるのが不思議でした」

「相手の人が手加減しているのか？　と思うくらい、志を言うと強くなりました」

写真だけでは「ホントかな？」と半信半疑になると思いますので、この体感ワークも相手を見つけて検証してみてください。実際に体験すると分かりますが、夢よりも志を言った人の方がパワーアップして勝ちます。

パワーアップとは言いましたが、正確にはパワーアップしたわけではありません。志を言うことで身体のエネルギー状態が整い、プラスでもマイナスでもない「ニュートラル（ゼロ化）」の状態になります。その結果、相手とのぶつかりが起こりにくくなり、自分の意図（力）を通しやすくなるのです。エゴがなくなり「相手と和する状態」になったとも言えます。この感覚を文章で伝えることは不可能ですので、是非実体験してみてください。誰がやっても、何度やっても同じ結果になります。

この実験から38億年の叡智を宿す私たちの身体は「For me」個人的な願望よりも、「For you」世のため人のための方が、エネルギー状態が整うようにプログラムされていることが分かります。この体感ワークでは、他人の志（企業の経営理念）を使いましたが、これが自分オリジナルの志であればもっと効果が出ます。

これは「教え」ではない

なぜ夢よりも志のほうが、パワーアップしたようになるのでしょうか？

それには「抽象度」が関わってきます。物理法則を例にすると分かりやすいです。次の公式にあてはめて考えてみましょう。

U＝mgh
U……ポテンシャルエネルギー
m……質量　g……重力　h……高さ

この公式は物体の持つポテンシャルエネルギーを表しています。
たとえば、地面から高く持ち上げた鉄球は「鉄球の重さ×重力×高さ」のポテンシャルエネルギーを持ちます。同じ重さの鉄球であれば、より高く持ち上げた鉄球のほうがポテンシャルエネルギーは大きくなります。この物理法則を、1人の人間が持つポテンシャルエネルギーとして考えてみると次のようになります。

m……質量　→　経験
g……重力　→　場の力
h……高さ　→　抽象度

「経験」はこれまで人生で経験してきたことや、得てきた知識やスキルなどのことです。「場の力」は所属している組織やチーム・コミュニティーなど、その人が置かれている環境です。「抽象度」は志の高さです。

「経験」を積んだり、「場の力」を変えたりするには時間がかかります。ですが「抽象度」は今すぐ上げることができます。先ほどの体感ワークで検証したように、「志を言う」だけです。たったそれだけで一瞬にして自身のポテンシャルエネルギーが上がります。つまり志を持てば、高いエネルギー状態で人生の目的に向かって行動できるということです。しかし「自分のため」である夢は「抽象度」が低いため、ポテンシャルエネルギーが低くなります。実際に体感ワークでは押し相撲も弱くなりました。

重要な点は、これは「教え」ではないということです。

どこかの聖人・偉人が語った人工的な宗教観や道徳観ではありません。生命誕生から38億年を生き抜いてきた「身体」にそのようにプログラミングされているという事実です。

全人類に共通する「身体」の反応ですので、宗教や思想の違うもの同士でも、議論の余地はありません。自然の物理法則と同様「そうなるよね」の世界です。

子どもの道徳心を養うときにも、体感ワークで身体を通して学べば『自分のため』よりも『世のため人のため』の方が大切」だと一瞬で理解できます。なぜなら自分の内部（身体）から引き出した答えだからです。体験に勝るものはありません。外部から大人が理屈であれこれ言葉を尽くして伝えるよりもはるかに簡単ですし、子どもから反発心を引き出すこともありません。

『U＝mgh』の公式

U： ポテンシャル（位置）エネルギー
m： 質量･･･経験
g： 重力･･･場の力（チーム）
h： 高さ･･･抽象度（自分⇒全生命・全宇宙）

h（抽象度）が高いほど
ポテンシャル（位置）エネルギーが大きくなる

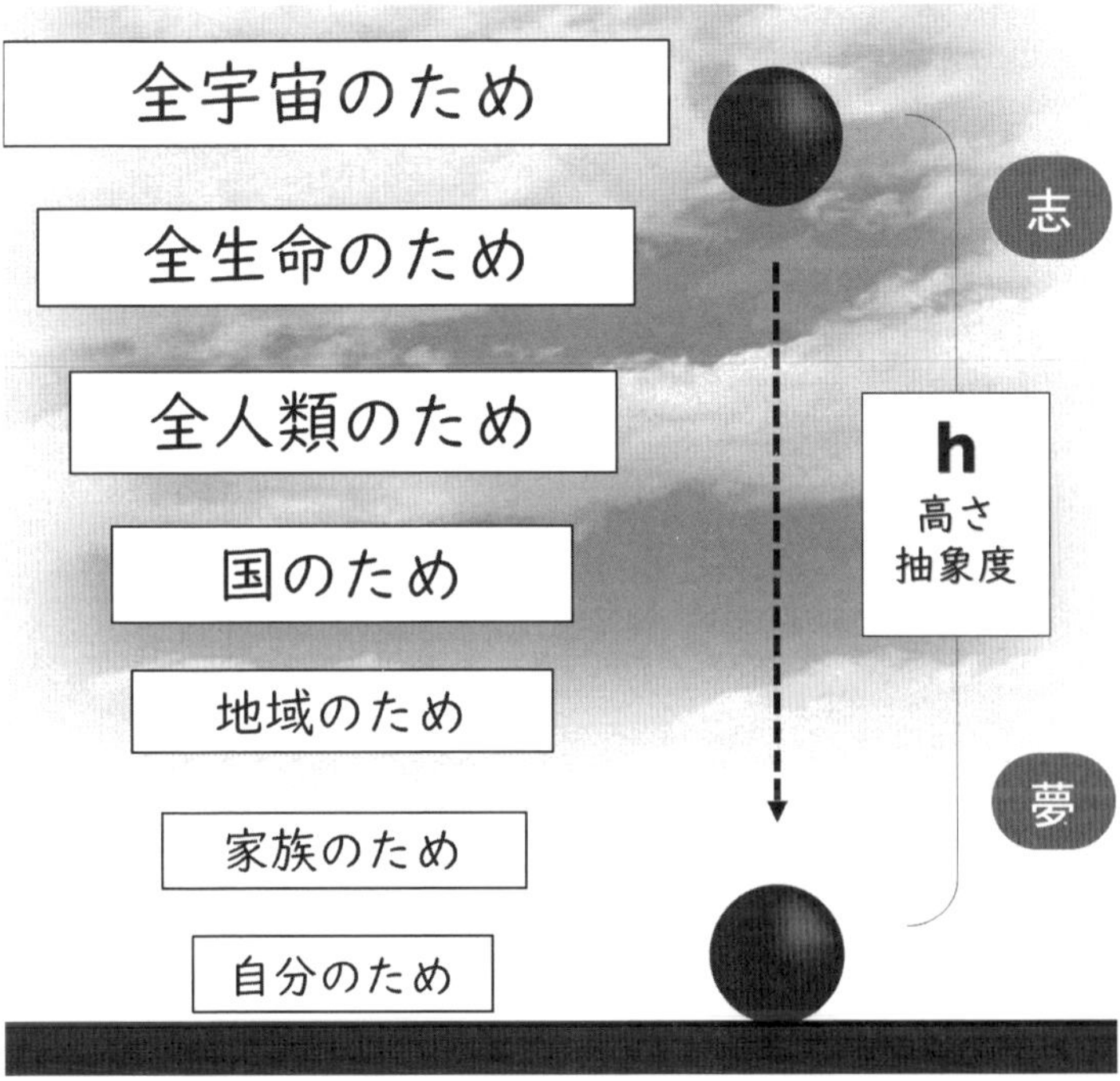

成長と貢献

武学的な成功とは、成功ならぬ「成貢」です。成貢とは「貢献して成長する」を意味しています。世のため人のためと言っても、人は「自分にできること」しかできません。いきなり背伸びをするのではなく、まずは自分にできる範囲のことで自分以外の何かに貢献することが第一です。「ボランティアをした方がいいですか？」という質問もいただきます。貢献とは必ずしもボランティアを指しているわけではありません。またこの後に詳しく話しますが、ボランティアが本当にその人のためになっているのか？　という懸念もあります。

貢献とは『デジタル大辞泉』（小学館）によれば「ある物事や社会のために役立つように尽力すること」とあります。お金という対価が発生するかどうかは、貢献そのものとは関係ありません。お金という概念の枠に囚われずに、仕事でも趣味でもボランティアでも生活の中で人から喜ばれ感謝されることをすればいいのです。

貢献をしていく中で人は学び成長します。信用信頼も得られるでしょう。そうなることで新たに貢献できる範囲が広がっていきます。

成長と貢献。この「循環」こそが、志の方向へと確実に歩みを進めるためのプロセスとなります。

地雷を撤去されたら困る？

成長にはもう一つ、重要な意味があります。単なる「貢献だけ」を続けていくと、おかしなことになるケースがあります。

かつて私がカンボジアのとある村に地雷撤去に行ったときのことです。現地の人から『地雷を撤去しなくていい』と言われました。地雷撤去は命がけの作業です。気をつかってそう言ってくれているのだと思いました。

「こちらも腹をくくって来ています。皆さんが安心して暮らせるようにできる限り地雷を撤去します」私たちはそう言葉を返しました。

ですが、現地の人は思いもよらぬ答えを返してきたのです。

『地雷がなくなったら援助が受けられなくなる。だから地雷を撤去されたら困る』

『地雷を撤去しなくていい』とは、そういう意味だったのです。

他に身近な例としては空気清浄機や浄水器の存在です。いい空気や安全な飲料水の確保に困っている人には喜ばれますので当然良い貢献です。しかし、空気清浄機や浄水器を販売している会社がより社会に貢献するためには、空気や水がより汚染されている世界が望ましいということになってしまいます。

このように「貢献だけ」をしていると、対症療法になってしまうことがあります。ビジネス用語でたとえるならば「マーケティング」です。困っている人のニーズには応えていますが、根本的な問題解決には至りません。

経営の神様と称される、ピーター・F・ドラッカーはマネジメントの基本機能は「マーケティングとイノベーション」だと述べています。

貢献がマーケティングだとすれば、成長がイノベーションです。

現在自分がしている貢献が本質的な問題解決になっていないのであれば、貢献のやり方を高い視点から捉え直して改善する必要があります。たとえば「魚を与えるのではなく、魚の捕り方を教える」といった自立を促す貢献のやり方も考えられます。

実際にそのような方法で国際貢献をしたのが、「すしざんまい」の木村清社長です。

ソマリア沖では海賊による被害が多発し、日本の自衛隊をはじめ、各国の軍隊が派遣される事態となっていました。そのような状況下で、驚くべきことに木村社長はその海賊たちと対話をしたのです。その対話の中で、海賊たちは好きで海賊をやっているわけではなく、生活のために仕方なく海賊になっていたことが分かりました。

そこで木村社長は3年かけて、ソマリアの海賊たちが漁師として生活ができるように、マグロの捕り方から流通に乗せるまでの仕組みを整備しました。その結果、ソマリア沖の海賊をゼロにすることに成功したのです。

私たち人間の存在意義

「どのようにすれば国家全体、世界全体を良い方向へと導いていけるのか？」

武学はこのような意識レベルにある人が学んでこそ活用できるものです。「自分が成功したい」という個人欲求レベルでは活用するまでには至りませんので、本書よりも巷の成功法則本の方が役に立つかもしれません。

実際にこれまでの歴史では、世界や国の命運を握る立場にある者、皇帝や王族、軍師など国の最高統率者だけが武学を学ぶことができました。よって、これまで武学が一般に公開されたことはありません。

ではなぜ、武学を一般公開することにしたのか――

それは全人類に大転換期が訪れようとしているからです。

「２０２９年にＡＩ（人工知能）が人間並みの知能を備え、２０４５年にシンギュラリティが起こる」とＡＩ研究の権威であるレイ・カーツワイル博士は予測しています。

シンギュラリティとは技術的特異点のことで、ＡＩが人間よりも賢い知能を生み出すことが可能になる時点を指す言葉です。シンギュラリティを超えた後の技術進歩はマシンの制御下で爆発的に起こり続けるため、人間には予測することができない世界へ突入することになります。

このまま人類が変わることなく川を汚し、海を汚し、森林を伐採し、他の種を絶滅に追いやり、人間同士で戦争をし、地球を破壊し続けるのであれば、ＡＩは「地球に人間は必要ない」と判断する可能性もあります。ＳＦ映画のように、完全に人間がＡＩの管理下に置かれることも考えられます。もうすでにそのような兆候を感じている人も少なくないでしょう。まさに全人類のあり方、人間の存在意義が問われる大転換期が近づいています。

そのような時代背景の中で一部の人間だけが知る秘儀を後生大事に隠していても意味がありません。ですので、私の師匠たちにも許可をいただき、武学を一般公開することに決めたのです。

人間は地球上のどの生命体とも違い、思考することができる動物です。そして人間は地球上になかったものをこれまでに創造してきました。

なぜ、人類は火を扱えるようになったのか。

なぜ、古代エジプト人はピラミッドを建設することができたのか。

なぜ、古代インド人はゼロの概念を発見することができたのか。

なぜ、モーツァルトは普遍的な美しい楽曲を作曲することができたのか。

なぜ、紫式部は世界初の長編小説を書くことができたのか。

なぜ、ライト兄弟は飛行機を発明することができたのか。

なぜ、アインシュタインは特殊相対性理論を導き出せたのか。

例を挙げたらキリがないですが、人類はこの地球に存在しなかった様々なものを創造してきました。

よくよく考えれば、これは不可思議なことです。

人間の脳が単なる有機コンピューターだとすれば、入力した情報以上のものが出てくるはずがないからです。しかし人間は何らかのクラウド（情報空間）にアクセスをして未来情報を降ろしてきたとしか思えないような創造力を発揮することがあります。

ＡＩが人間の知能を超えたとしても、この人間の創造力を超えることはおそらくできないでしょう。私たち人間の存在意義はこの宇宙・地球になかったものを生み出す「第二創造」にあるのかもしれません。ですが、その創造力を人間だけの利益のためや、人間同士が争うことに使っていては必ず破滅に向かいます。これからの時代、人間の創造力は、地球全体の調和を前提とした豊かな未来創造のために使われるべきでしょう。


本章では「夢と志のエネルギーの違い」を押し相撲の体感ワークで確認しました。

簡単にできる体感ワークではありますが、人間が元々持っていながら開かれていない潜在能力を「志によって」引き出せることを、あなたにお伝えしました。

気づいたでしょうか？

なぜ、国家の上層部に君臨していた公家や武家の全員が「立志」していたのかを。

なぜ、トップクラスの企業の経営理念には「世界中すべての人々」「社会に貢献する」など抽象度の高い言葉が入っているのかを。

なぜ、GHQは「志」という言葉を日本の教科書から削除したのかを。

志は人生の目的として大事なことです。そして「世のため人のため」という倫理的道徳観としても大事なことでしょう。ですが、志にはそれ以上の意味合いがあります。

実は「志」は人間の潜在能力を開くための秘儀の一つでもあり、高次のクラウド情報にアクセスするためのカギの一つでもあるのです。

第三章

志を引き出す

あなたの思っている「あなた」は本当のあなたですか？

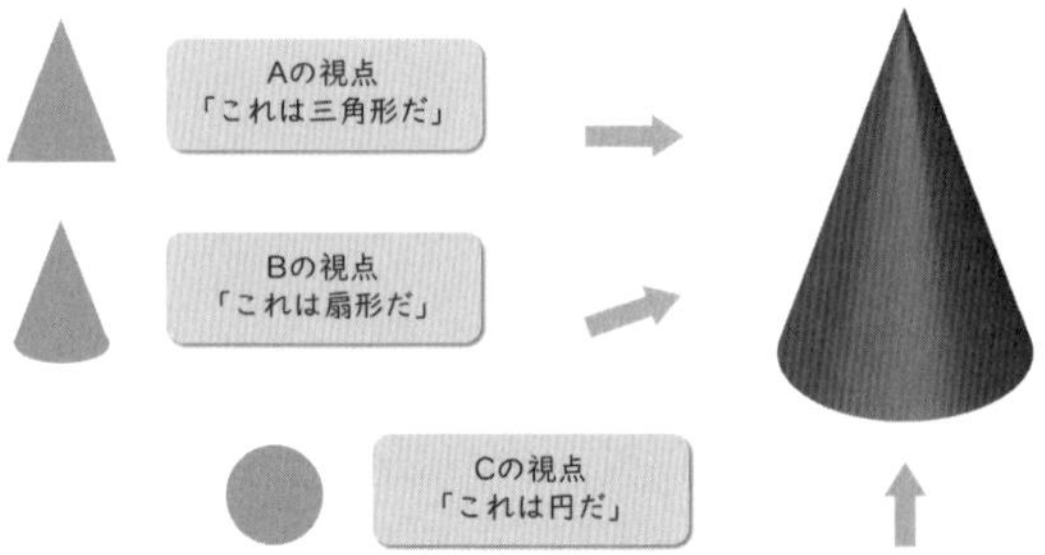

視点の多様化

いよいよ本章から、あなたの生きる意味であり、人生の目的である志を引き出していきます。志を明確にするのであれば、まずは何よりも自分自身のことを理解している必要があります。

円錐を見たとき、見る角度によってその形は異なります。真横から見れば三角、斜めから見れば扇形、真下から見れば円に見えます。様々な視点から見てはじめて「これは円錐だ」と認識することができます。

これと同じように「人」も多様な視点で見ることで、自分自身が何者であるのかがつかみやすくなるはずです。ただし、物体とは違って自分の思考や心の状態は目には見えませんので、客観的に見ることは困難です。

では、どのようにすれば自分を客観的に見ることができるのでしょうか？

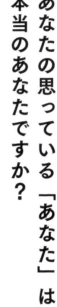

そこで「質問の力」を活用していきます。

本章では、自分を知り、そして志を引き出すための「五つの質問」を用意しています。この質問の内容は、かつて100日間かけて志を引き出していた「使命統一プログラム」というコンテンツが基になっています。しかし、普通に一般生活を送っている人が、100日間も時間をかけることはなかなかできません。そこで同志たちと十数年の年月をかけて試行錯誤を重ね、およそ20分で志を引き出せるワークに凝縮することができました。

このワークは本書をパラパラとめくって頭の中で考えるのではなく、実際に質問の答えを文字として書き出すことが重要です。なぜなら、言語化することで客観的に自分をつかめるようになるからです。

命には四つの見方がある

志の前段階として私たちは天なのか、神なのかは分かりませんが、命を預かって生きています。その命の意識感覚を大きく分類すると四つに分けて考えることができます。

その四つとは「天命」「志命」「我命」「宿命」です。元々は一つの命ですが四つの見え方があり、人によってその強弱があるということです。

❶天命「創造主の視点」

「なぜ宇宙は存在しているのか？」「なぜ生命は誕生したのか？」「人間とは何なのか？」「自分はなぜ存在しているのか？」など真理を探究する抽象度です。イメージ的には宗教家や哲学者がそれに当たります。

「あなたがこの宇宙の創造主であるならば、肉体を持って地球上に生きている自分に何を命じますか？」

❷志命「人類の視点」

志命は「この世界をより良くするには、どうすればいいのか？」と考える抽象度です。世界の権力者や政治家、起業家、社会活動家などのイメージです。

「あなたが人類の王であるならば、何をしますか？　世界中のお金と権力、軍事力のすべてを持っていたとするならば何をしますか？」

❸我命「喜びの視点」

我命は個人的な特性によるものです。なぜかは自分でも分からないけれど、好きなこと・没頭できること・人よりもうまくできることなど、人それぞれにあります。芸術家や作家、スポーツ選手、研究者・技術者・職人などのイメージです。

「あなたがお金をもらえなくても、やり続けてきたこと・やり続けたいことは何ですか？」

❹宿命「意味づけの視点」

人は自分の意思では決められないことがあります。生まれた国、時代、社会情勢、親や家庭環境、自分の性別や身体の障がいの有無、または人生において予期せぬ事故や大病、自然災害による被災など……。そのような生まれながらに決まっていたこと、変えられないことには何か意味があるのではないか？　という視点です。
「あなたに起こった事象や、生まれ育った環境の意味は何ですか？」

この四つの命を深く掘り下げて一つに統合することで、真の使命「なぜ私は命を預かって、今ここに人間として存在しているのか？」がつかめると私は考えています。

太志7段階

いよいよここから、あなたの志を質問で引き出していきます。先ほどの四つの命を基にして考えると、志は7段階に分類することができます。

【太志7段階】

❶陽志――ポジティブな経験から引き出す。

❷陰志――ネガティブな経験から引き出す。

❸魂志――魂（大きな愛）からエゴを介入させずに引き出す。

❹意志――❸までの志を引き出し体現する意志を持ち続ける。

❺宿志――生まれた環境・役割・特技・好きなことなど、生まれながらに宿しているものから引き出す。

❻神志――人類をなぜ創ったのか？　の立場で引き出す。

❼天志――なぜ宇宙や生命を創ったのか？　の立場で引き出す。

なお「大志」ではなく「太志」と表記しているのには大きな意味があります。「大」は形や数量など物質的な大きさを示していますが、「太」は太陽・太極図などに使用されているように「万物の根源」「物質以外の見えない何か」という意味を含みます。志は究極的には万物の根源的な抽象度から降ろすものなので「太志」としています。

本章では❶陽志と❷陰志を引き出していきます。この二つを引き出すのにかかる時間は20分程度ですが、人によっては人生を大きく左右する重要なワークです。ですので、誰にも邪魔をされない集中できる環境で取り組んでみてください。

陽志を引き出す

では、陽志から引き出していきましょう。陽志はあなたのポジティブな経験から引き出していきます。その前にワークをする上で、お伝えしておくことがあります。

それは「ファーストチェスの法則」です。

チェスで、5秒で考えた次の一手と、30分かけて考えた次の一手は約86%が一致すると言われています。つまり「感覚」と「考え」はほぼ一致するということです。

質問に答えるときに考えすぎてしまうと、理性が働いて取り繕った答えになる可能性があります。ありのままの自分を知るためには、直感で答えていくことが大切です。

ここではその「ファーストチェスの法則」で、1問1分程度で自分の感覚を信頼して記入していってください。


【陽志を引き出す質問】

❶あなたが生まれてから今日までの人生の中で、一番活躍した時期・輝いていた時期はいつでしたか？　そのときにあなたは、どんなことをしていましたか？

❷あなたが生まれてから今日までの人生の中で、最もうれしかったことは何ですか？

❸❶❷の活躍したこと・輝いていたこと・うれしかったことから、あなたは何を学び、どのように人生が変わりましたか？

❹そのときの自分に、今のあなたがアドバイスするならば、どのようなアドバイスをしますか？

❺ここまでの四つの質問から感じる、あなたの陽志を一文化しましょう。
(例)私の志は、人々の能力を最大限に発揮融合させることで、より良い世界を創造することです。

私の志は です。

志に「正しい・間違っている」はありません。あなた自身から引き出した、あなただけのオリジナルですので、心の赴くままに言語化してみてください。

なぜ志を言語化するのか

志を言語化する理由は二つあります。その一つは「志を他者と共有するため」です。志は社会的なものが含まれ、次世代にも引き継がれていくものです。よって、必ず協力者が必要になります。志を言語化して共有することで「それだったら私も協力したい」「仮にあなたが倒れたとしても、私が後を引き継ぎます」といった仲間・同志を集めることができます。

ただし、言語化そのものに囚われては本末転倒です。志をいくら流麗な言葉で言語化したとしても、人の心が動かなければ意味がありません。人の心を共振させ動かすのは言葉そのものではなく、「あなたの想い」です。その想いを「いつでも取り出せるようにするため」に志を言語化しておきます。それが志を言語化するもう一つの理由です。

志はブラッシュアップしていくものですので、今引き出した志がしっくりこなくても問題ありません。まずは志を出してみることからすべては始まります。

参考としてワークショップでこのワークに取り組んだ皆さんの陽志を紹介しておきます。100人いれば100通りです。あくまでも参考ですので、人と自分の志を比べて優劣を評価したり、影響を受けたりしないようにしましょう。

【陽志・参考例】

・私の志は、自分を大切にし、目の前にいる人を大切にすることです。
・私の志は、周りの人を喜ばせ、楽しみながらすべての人を幸せにすることです。
・私の志は、福島県の復旧復興に貢献することです。
・私の志は、喜びと感じたことを周りに伝え、喜びの輪を広げていくことです。
・私の志は、医療関係を通して皆さんを元気にすることです。

・私の志は、出会う人の幸せを思い出させてあげるサポートをすることです。

陰志を引き出す

次は陰志です。陰志はあなたのネガティブな経験から引き出していきます。

ネガティブな経験と聞いて、「思い出したくない」「プラス思考で生きるべきだ」「ポジティブが大事」と思う人もいるかもしれません。

ですが、陽（光）から志を引き出すよりも、陰（闇）から志を引き出す方が、エネルギーは大きくなります。闇から光への振り幅の大きさがエネルギーに変換されるからです。このことについての検証は後ほど身体を使って確認します。

では先ほど（93ページ）の「ファーストチェスの法則」を意識して、思い浮かんだまま・感じたまま、質問に答えていってください。

【陰志を引き出す質問】

❶あなたが最もイヤなこと・嫌いなことは何ですか？

❷あなたが生まれてから今日までの人生の中で、一番苦しかったこと・一番つらかったことは何ですか？

❸一番苦しかったこと・つらかったことから何を学びましたか？

❹そのときの自分に、今のあなたがアドバイスするならば、どのようなアドバイスをしますか？

❺ここまでの四つの質問から感じる、あなたの陰志を一文化しましょう

※先ほど引き出した陽志は、ここでは一切参考にしないで書き出します

（例）私の志は、世界から戦争・差別・病気・貧困を解放して徳が中心の世界を生み出すことです。

私の志は

です。

ここでも参考としてワークショップ参加者の陰志を紹介しておきます。先ほどの陽志と同じ人たちの陰志です。文字では伝わりにくいかもしれませんが、陽志との違いを感じてみてください。

【陰志・参考例】

- 私の志は、自分を許し世界を許すことです。
- 私の志は、自分の自由な意思で周りの人を尊重することです。
- 私の志は、世の中を平和にすることです。
- 私の志は、誠実に物事に取り組み、すべての人に貢献することです。
- 私の志は、相手を知り自分を知り皆さんを元気にすることです。
- 私の志は、悩みから逃れられない方の話し相手になり、世界を明るくすることです。

PQS（フィジカル・クエスティング・システム）

ここまでで、陽志と陰志の二つを引き出しましたが、武学では必ず「身体」でチェックをします。なぜなら、思考と身体ではズレが生じることがあるからです。

思考では「素晴らしい志を引き出せた」と思っていても、身体の反応がNoという場合があります。逆もまた然りです。思考では「なんだかしっくりこない志だ」「自分には畏れ多い志だ」

と思っていても、身体はＹｅｓという場合があります。

その身体でチェックする方法を、ＰＱＳ（フィジカル・クエスティング・システム）と呼んでいます。文字どおり、フィジカル（身体）にクエスティング（探求をかける）システム（仕組み）です。

このＰＱＳを用いることで、あなたの潜在意識や身体の叡智にアクセスすることが可能となり、自分自身にとっての正解を導き出すことができます。具体的な方法としては、身体に質問をし、筋肉の生体反応の変化を見ることをします。本章では、最も分かりやすく反応が出やすい「側推法（そくすいほう）」を紹介します。


【側推法・事前準備】

Ａさん（チェック者）とＢさん（被験者）に分かれて行います。

❶まず被験者であるＢさんは、腰幅から肩幅に足を広げてまっすぐに立ちます（１０３ページ写真❶）。

❷Ｂさんの今の身体のエネルギー状態をチェックします（１０３ページ写真❷）。

Ａさんは「どのくらいの力でＢさんを横から押すと身体が揺らぐのか」を確認します。いきなり強く押すのではなく、肩のあたりを丁寧に少しずつ強く押していきます。

指１本でゆっくりと押す・指２本でゆっくりと押す・指３本でゆっくりと押す・指４本で

ゆっくりと押す・手のひら全体でゆっくりと押す……

このような順で、どのくらいの力でBさんの身体が揺らぐのかを確認し、その力の強さを覚えておきます。身体が揺らぐ基準は、片足が浮くくらいが目安です。

❸Aさんが Bさんに質問をします。被験者であるBさんの身体が正しく反応するかを確認するのが目的です。Bさんは質問にはすべて「はい」と答えます（写真❸）。

・Aさん「あなたの名前は○○さん（Bさんの名前）ですか？」

・Bさん「はい」

❹Bさんのエネルギー状態の変化をチェックします（写真❹）。

Aさんは先ほどと同じ要領でBさんの身体を押します。Bさんの「はい」は正しいので、❷でチェックしたときよりも身体の反応は強くなるはずです。これが身体からの「Yes」の反応です。

次に違う名前で質問をします。

・Aさん「あなたの名前は△△さん（Bさんとは違う名前）ですか？」

・Bさん「はい」

同じくAさんはBさんの身体を押してチェックします。Bさんの「はい」は嘘なので、身体の反応は先ほどよりも弱くなるはずです。これは身体からの「No」の反応です。

側推法・事前準備

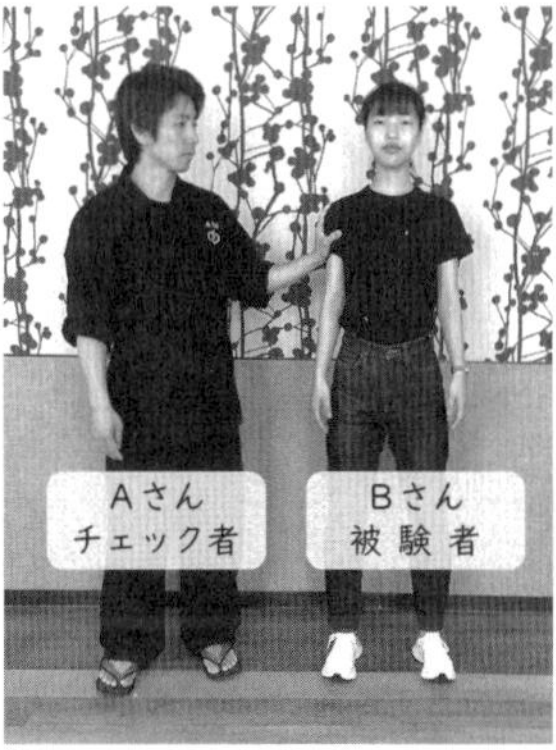

❶Bさんは肩幅に足を広げて立ち、Aさんが押します。

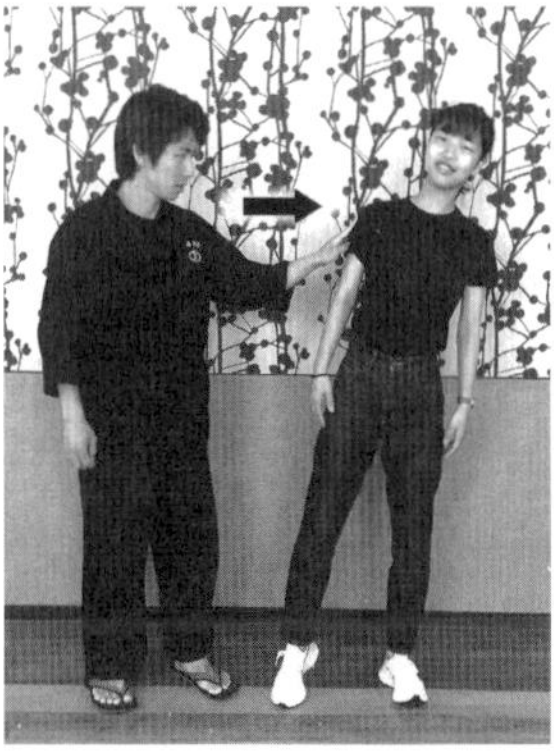

❷Aさんはどれくらいの力でBさんが揺らぐのかを確認。

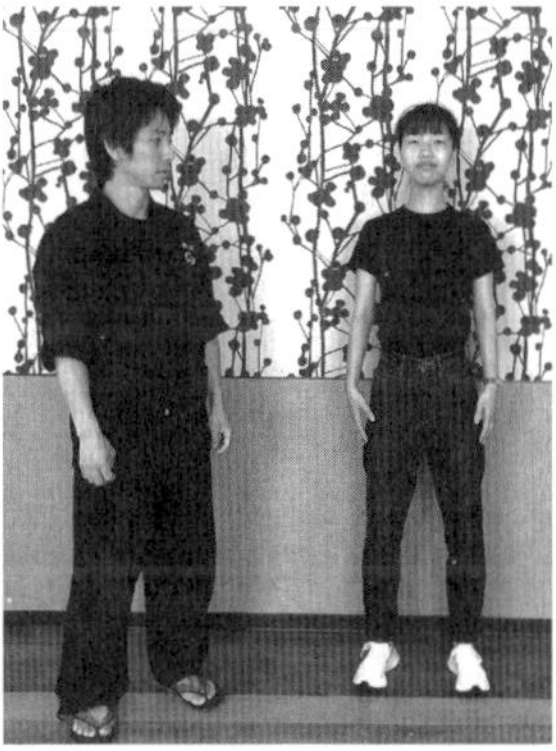

❸Aさんが質問をして、Bさんは「はい」と答えます。

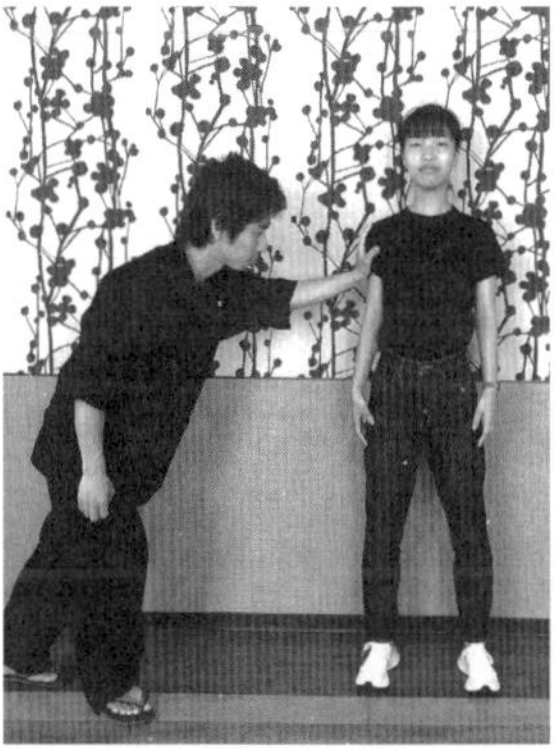

❹Bさんの「はい」が本当であれば身体は強く反応します。嘘であれば弱くなります。

このPQSの原理は、分かりやすく言えば嘘発見器と同じ原理です。

自分（潜在意識・身体）にとって「違う」「嫌だ」「危険だ」と感じることは、脳がストレスを感じ、脳からの命令である電気信号をしっかりと身体に流さなくなります。よって筋肉の反応が弱くなり力が入らなくなります。逆に自分にとっての真実や好ましいことであれば、電気信号がしっかりと流れて身体の反応は強くなります。これらの反応は生命誕生から38億年生き延びてきたDNAの叡智と言えます。

では次に、同じ要領（**103ページ・写真❸❹**）で、今度は性別について質問をして身体の反応をチェックしてみましょう。

・Aさん「あなたは男ですか？」　Bさん「はい」　↓　身体のチェック

・Aさん「あなたは女ですか？」　Bさん「はい」　↓　身体のチェック

Bさんの身体が正しく反応していることを確認できたら、先ほど引き出した志、「陽志」「陰志」のエネルギーチェックをしていきます。

次の質問をしてBさんの身体に「志について質問していいのか」を聞きます。

・Aさん「Bさんの貢献と成長のために、志の確認をしてもいいですか？」

・Bさん「はい」

Bさんの身体の反応が「Yes」であれば、事前準備は完了です。

あなたの志のエネルギーを検証する

では、先ほどのワークで引き出した志（陽志・陰志）によって、あなたのポテンシャルエネルギーがどのくらい変化するのかを確認していきましょう。

付箋（約75×75㎜）を用意します。

❺付箋にBさん（あなた）の陽志と陰志をそれぞれ書き出します。書いた付箋にはその人のエネルギーが転写されます（次ページ写真❺）。

❻Bさんの胸に志を書いた付箋を貼ります。まずは陽志からチェックしましょう（次ページ写真❻）。

❼Aさんは側推法で横からBさんを押します。志の付箋を貼ったときのエネルギーの強さを確認します（次ページ写真❼）。

❽陽志と陰志の付箋を貼り替えて、どちらがより強く身体が反応するのかを確認します。強い方がBさん（あなた）に合った志です（次ページ写真❽）。

※付箋がない場合には、志を言った後に側推法でのチェックをすることでエネルギーの強さを確認できます。

志のエネルギーチェック

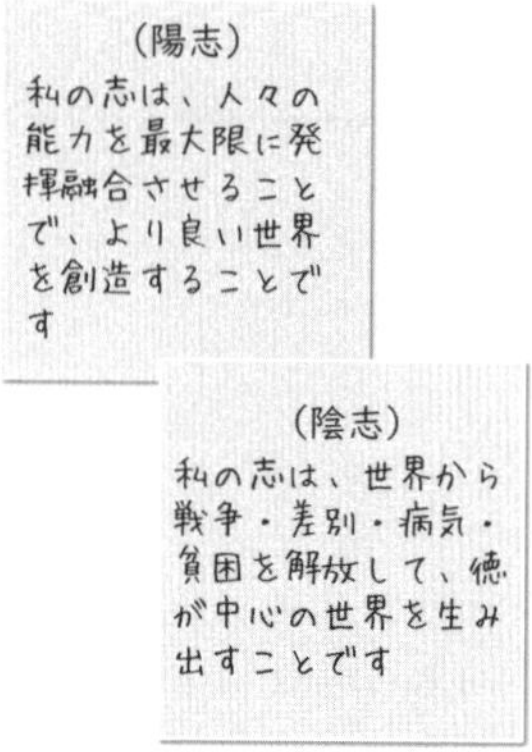

（陽志）
私の志は、人々の能力を最大限に発揮融合させることで、より良い世界を創造することです
（陰志）
私の志は、世界から戦争・差別・病気・貧困を解放して、徳が中心の世界を生み出すことです

❺Bさん（あなた）の陽志と陰志をそれぞれ付箋に書きます。

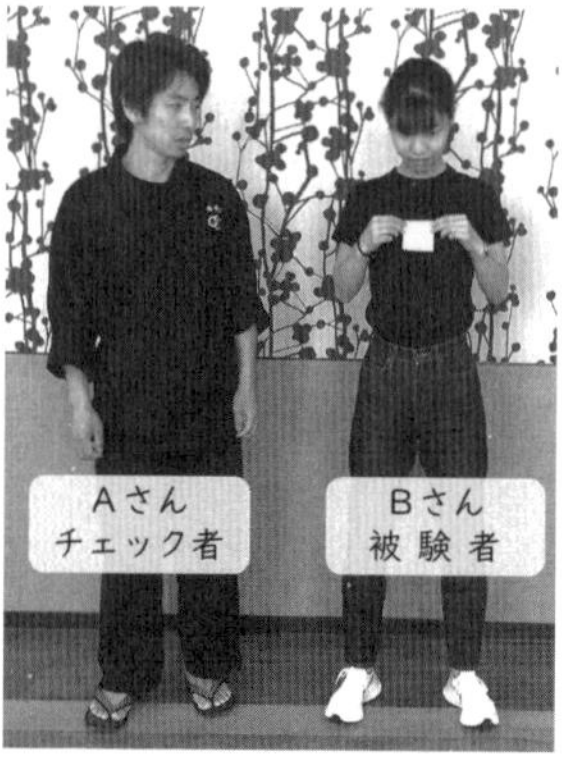

Aさん
チェック者
Bさん
被験者

❻Bさんは志を書いた付箋を胸に貼ります。まずは陽志からチェックしましょう。

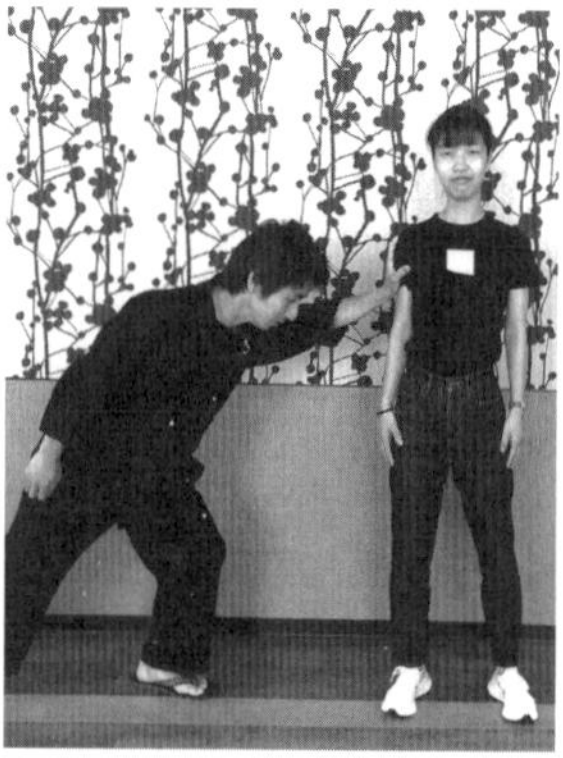

❼志の付箋を貼ったときのエネルギーの違いを確認します。（写真は強い反応）

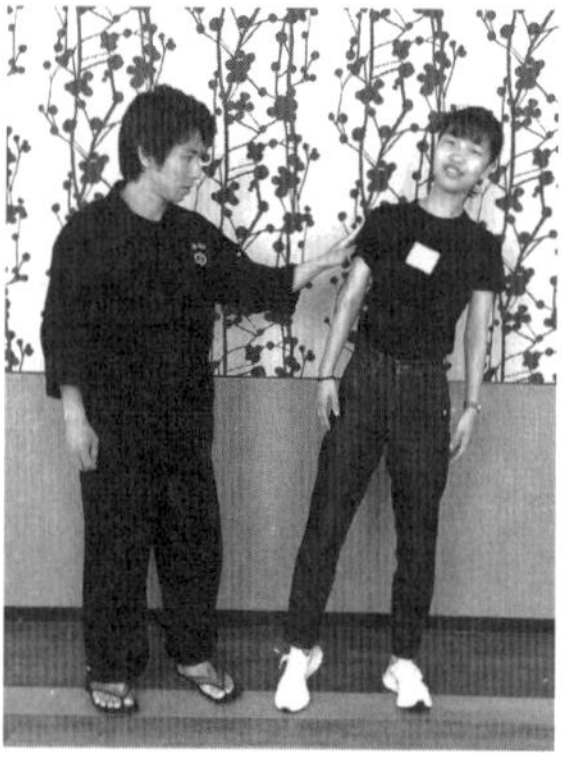

❽陽志と陰志、付箋を貼り替え、どちらが強いのかを確認します。（写真は弱い反応）

闇から光を見る

陽志と陰志のエネルギーチェックの結果はどうでしたでしょうか？

陽志も身体の反応は強くなりますが、それよりも「陰志」の方が格段に強くなったのではないでしょうか。もし陽志の方が強かったのであれば、それがその人にとっての正解です。陽志をあなたの志にしましょう。

ではなぜ、ネガティブな経験から引き出した陰志が強くなるのでしょうか？

それは「マイナスが深いほど、プラスが大きく」なるからです。

私の仲間に保険の代理店をしているSさんという人がいます。

そのSさんにも転機がありました。ある日突然、Sさんのお客さんが、奥さんと幼い子ども3人を残して自殺をしたのです。そのお客さんには借金があって悩んでいることは知っていました。自己破産すれば借金は帳消しになります。しかし、友人から借りたお金も返せなくなることに責任を感じて、自己破産には踏み切れずにいたようです。

訃報を聞いたSさんは「しまった……」と戦慄しました。なぜなら「遺産相続を放棄すれば借金は相続されない」「だけど保険金は入ってくる」という話を、そのお客さんに話した記憶があったからです。実際に奥さんに宛てた遺書にはその旨が書かれており、保険金が入ったら友人へ借金を返済するようにと書かれていました。

Sさんはしばらく茫然自失となりました。自分が保険を勧めなければこんなことにはならなかったのではないか……。なぜもっと親身になって相談に乗ることができなかったのか……。自分がお客さんを殺したようなものではないか……。

これまでSさんは自分が営業成績を上げることは、お客さんの幸せにもつながることだと信じ「保険は自分の想いを家族に遺せる最後のラブレターですよ」と言って保険を売ってきたそうです。しかし、それとはまったく真逆の結果を招いてしまったことで、その信念は根底からもろくも崩れ去りました。

「自分は何のためにがんばってきたんだろうか……」

「自分はこれからどのような方向に進めばいいのか……」

そんな苦悩が続く日々の中で、Sさんは志を引き出しました。

「私の志は、世界中が愛と感謝に満ちあふれて、人々が主体的に生きている社会を創造することに貢献することです」

この志のなかにある「人々が主体的に生きている社会」は、逆境に負けず強く生きる人たちを増やしていきたいという想いが込められているそうです。

現在Sさんは50代半ば。自分の使命をまっとうするために医師を目指して受験勉強を始めたそうです。そのかたわらで、これまでに培った金融の知識と経験を活かして、コロナショックで経済的に困っている人たちをサポートする活動をしています。

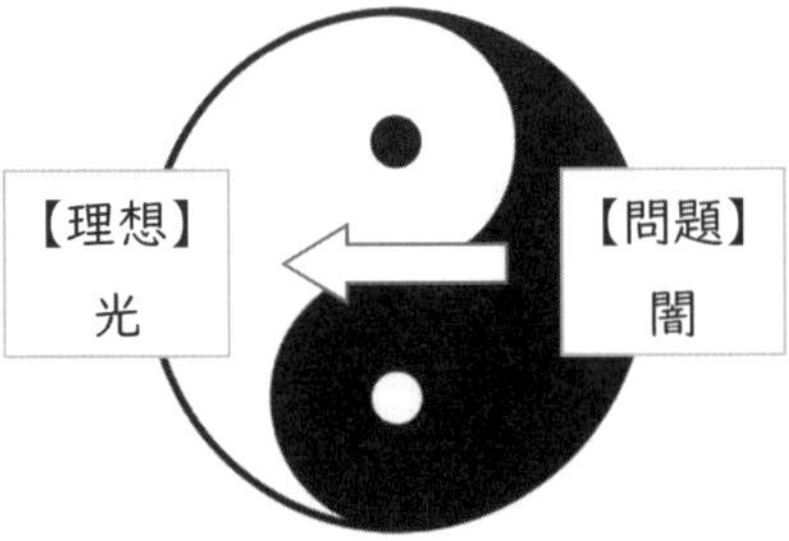

闇から光を見る

実際に本書のワークに取り組んだ人であれば分かると思います。

陽志よりも陰志を引き出す方が、人生で一番ネガティブな経験を思い出すだけに、つらい作業だったはずです。人生に絶望するほどの逆境であるほど、他者に責任転嫁をしたり、運命を呪ったり、嘆き悲しんだり、現実逃避をしたり、見て見ぬ振りをしたくなります。

しかし、そこから目をそらさず泥沼から蓮の花を咲かせるように「志」を引き出しました。闇から光を見出したとも言えます。自分の闇に深く踏み込んだ分だけ、陽転したときのエネルギーは強大なものになります。そしてその力によって、自分をより高い次元へと昇華することができます。

光から闇は見えません。いきなり理想（光）を思い浮かべて、愛や感謝・貢献などの言葉で、志らしきものを出しても、それは自分の命に根ざしていないので力にはなりません。他人からもその薄っぺらさを容易に見透かされてしまいます。うわべだけの理想を並べたに過ぎないからです。

しかし、闇から光は見えます。自分の抱えている問題（闇）と真剣に向き合うことは、つらいことですし勇気のいることです。ですが、だからこそ自分の命に根ざした深いところにある、本当の理想（光）を明確にすることができるのです。

第四章

日本人も知らない礼の力

礼と志は二つで一つ

「志」「礼」「行動」の3軸のうち、「志」についてはお伝えしましたので、本章から「礼」のパートに入ります。

さて「礼」と聞いて、率直にどう感じたでしょうか？

「『志』は人生の目的なので大事なことは分かる」

「『行動』は志の成就のために大事なことも分かる」

「でも『礼』ってそれほど大事なことだろうか？」

人によっては、このような疑問があるでしょう。結論から言えば、志だけでは独善的になり暴走する危険性があります。そのため、他者との調和・協調をするための「礼」が必要です。志と礼は二つセットで、はじめて互いが最大限の効力を発揮します。

志が暴走するとは、どういうことか？

たとえば「世界平和」「人類救済」と言いながらも、社会とぶつかりを起こしている組織や団体を目にしたことがあるでしょう。最悪、テロで無関係な人たちの命を奪ったりもします。

また企業が「世のため人のため」という理念を掲げていたとしても、環境破壊や公害など新たな問題を作り出している場合があります。さらには国家間の戦争は「平和」「自由」「正義」「解放」という大義名分の下で行われてきた歴史があります。

個人においても同様です。志を実現していくプロセスで「アイツが悪い」「コイツが悪い」「社会が悪い」「政治が悪い」「国が悪い」と批判をし始める人もいます。他者を批判するだけでは自己成長はないですし、新たな争いを生み続けていくだけです。

チームの場合には、リーダーが理想を追い求めるがあまりワンマンになりがちです。その結果、仲間への感謝や敬意を忘れてチーム内の雰囲気が悪くなり、プロジェクトが内部から崩壊してしまうこともあります。

どのケースも独善的な行動をしてしまい、周囲とぶつかりを起こしている状態です。

その一方で、志が外部ではなく自分の内部でぶつかりを起こすケースもあります。

「自分には畏れ多い。おこがましい……」

「他人から『身のほどを知れ』と、バカにされないだろうか……」

このように人生の目的である志を引き出したとしても、抽象度の高さに尻込みをしてしまう人もいます。内向きに自分のことばかりを考えてしまっている状態です。

外部とのぶつかりか？　内部とのぶつかりか？

どちらにせよ、その本質は同じです。自分自身のエゴ（我・私心）や感情をコントロールできずに「あり方」が乱れている状態です。ただし、この状態は新しいことにチャレンジするからこそ出てくる問題です。誰にでも起こり得ることであり、自己成長するためには必要なプロセスだと言えます。

とは言え、感情を自分でコントロールすることは、聖人君子でもない限り難しいことです。人間、生きていれば多かれ少なかれエゴがあり、感情の起伏があるからです。

では、どうすればいいのか？

実は、エゴや感情のコントロールをいともたやすく可能にする秘儀が、武学にはあります。

それが後ほど紹介する「侍の礼法」です。

礼とは何か？

そもそも礼とは何か？　まずはその概念からお伝えしましょう。

儒教の始祖である孔子は、礼を「仁の体現である」と説いています。仁とは愛のことです。

ここでいう愛は「あなただけを愛してる」「自分の家族や子どもだけを愛してる」という小愛のことではありません。一視同仁、すべての存在を等しく愛する大きな愛、仏教でいうところの慈悲です。

「礼」という文字は本来、「示・豊」と書いて「禮」と表記します。その文字でも表しているように礼（禮）とは、すべての存在に等しく、豊かさ（愛・思いやり・感謝・敬意など）を行動で示すことを意味します。

また孔子は「仁（愛）とは克己復礼」であるとも述べています。

先ほど例を挙げたように、志に向かって行動をしていくプロセスで外部や内部とのぶつかりを起こすことがあります。その場合には克己復礼——自分のエゴに打ち勝って礼の状態にかえり、あるべき道へと軌道修正することが必要です。

「志」は男性的と言えます。これまで地球上になかった新たな創造、理想の世界を構築するための軸となる縦のベクトルです。

「礼」は女性的と言えます。地球環境や自然循環、自分以外の人々の存在に感謝し、調和・協調をしていく横のベクトルです。

志だけでは暴走し、礼だけでは人生の方向性が定まらず迷走します。志と礼は二つセットで正しく機能し、その効力を最大限に発揮できることを覚えておいてください。

礼を体現する侍の礼法

礼を体現する仕組みを、礼法としてまとめたのが日本の侍です。

ここでポイントとなるのが「侍」という存在です。

あなたは「侍」と「武士」の違いをご存じでしょうか？

「同じでは？」と思われるかもしれませんが、まったく違います。侍と武士とでは、その役割や実力の次元が大きく異なります。

まず侍は十徳を備えています。徳とは先ほど紹介した孔子を始祖とする儒教で説かれている徳のことです。十徳とは、五常の徳「仁・義・礼・智・信」に「忠・孝・悌」の三徳を加えて八徳。そして残りの二徳は秘伝となっており、侍に任命された者だけが十徳すべてを知ることができます。

ちなみにですが、侍の文字の表記は本来、人偏に「寺」ではありません。十徳を一にして守る人、人偏に「十一守」と表記します。侍の語源は「さぶらう」であり、高貴な人に仕える人という意味があります。また、ヘブライ語の「サムライ（シャムライ）」は守る人という意味があります。

ほかにも侍は「古神道」「武術」「陰陽術」この三つを高次のレベルで習得しています。簡潔にまとめると次のとおりです。

- **目には見えない天地宇宙の理を　【古神道】**
- **肉体を通じて実体化させて、　【武術】**
- **政治や日常に活かす。　【陰陽術】**

そして侍を任命するのはスメラミコト・天皇です。つまり侍とは天皇直属の役職のことを指します。ですので、一般的に認識されている「侍」は侍ではなく「武士」です。武士とは言うなれば、藩主や大名に仕える軍人のことです。

一方、侍は公家出身で宮中の人です。現代でいうならばＣＩＡのような陰の存在で、活動範囲も国境を越えます。武士のように武装はしていませんし、名前やその存在が公表されることもありません。

侍は常に死と隣り合わせですので、感情のコントロールをする技術が必須です。感情が乱れると的確な判断ができませんし、身体能力のパフォーマンスも下がります。その結果、命を落とす確率が高くなります。さらに言えば、侍は国家の命運を左右する存在だけに、少しのミスが自分の命だけではなく国家滅亡の危機にさえ及んでしまう危険性もあります。つまり、侍は現代におけるトップアスリート以上に、メンタル面とフィジカル面のケアが求められたわけです。

そこで侍たちは心身の状態を一瞬にしてコントロールできる方法を、秘儀を基に仕組み化しました。それが「侍の礼法」です。

見えない力にアプローチする

侍の礼法とは、どういうものなのか？

それは私たちが日常で行っている礼（お辞儀）の動作に隠されています。この5秒ほどでできる礼を正しく行うことで自分自身のあり方が整い、その結果、人間の身体に内在している不可思議な力を誰でも引き出すことができます。

「たかが礼で、ちょっと大げさではないか？」

現時点で仮にあなたがそう疑ったとしても無理はありません。なぜなら、日本のみならず世界中の人々が行っている礼の99％は間違っていますので、本当の礼の力を実体験したことがないからです。

その正しい礼こそが、かつて侍たちが行っていた侍の礼法です。あなたも正しい礼である侍の礼法をすれば内なる身体の叡智が覚醒し、次のようなことが起こせます。

一列に並んだ男性5人を女性が押して動かします。
❶全身で力いっぱい押しても動かせないことを確認します（写真①）。
❷正しいお辞儀である「侍の礼法」をします（写真②）。
❸指1本で軽く押します（写真③）。
❹見えないエネルギーが貫通し、男性5人を押し倒すことができます（写真④）。

このように侍の礼法であれば、合気道の達人のように「見えない力」を発動させることができます。写真では男性5人ですが10人でも20人でも同様のことができます。もちろんですが、間違った礼では何も起きません。

「ヤラセじゃないの？」。そのような感想もあるでしょう。

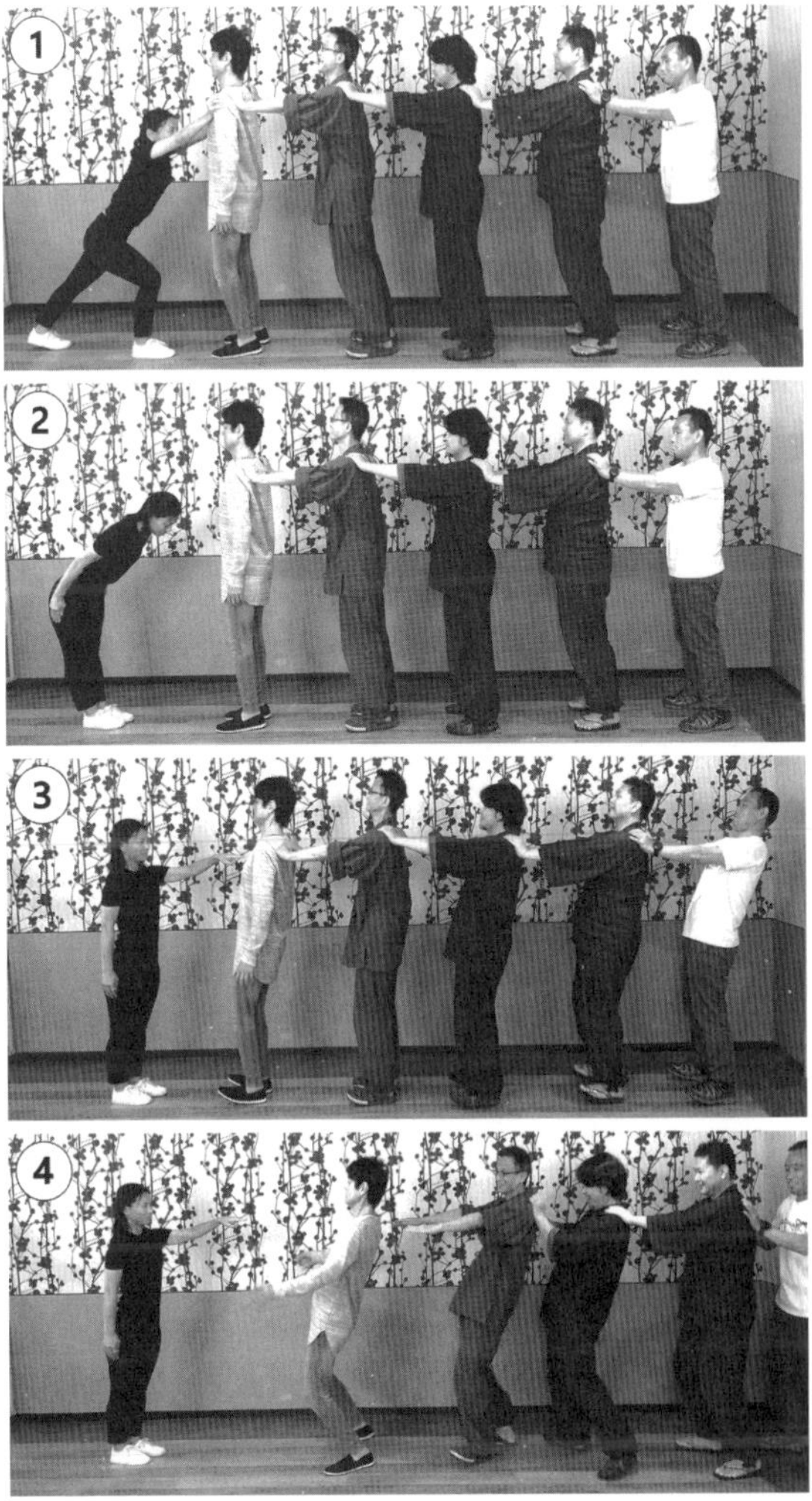
1
2
3
4

本章の「礼」のパートは特に一般常識では理解しにくい内容になっています。なぜなら、これまで数千年にも渡って一般公開されてこなかった秘儀、それも不立文字で伝承されてきた内容を文章と写真で伝える試みだからです。ですが、侍の礼法を実体験すれば「そういうことか」と瞬時に理解できます。

私はこの十数年間、日本国内のみならず海外46ヵ国以上を回り累計10万人以上の様々な人たちに侍の礼法を伝えてきました。また、小学校をはじめとした教育機関での指導は１００校以上に上ります。

その結果分かったことは、年齢・性別・国籍・人種を問わず、その再現性は１００％だということです。つまり正しい礼法さえすれば、誰でも「見えない力」を発動させることができます。「誰でも」「すぐに」「できる」ということは、元々そのような力がすべての人間に備わっている証拠と言えます。

一般的に礼と聞いて思い浮かべるのは、マナーや礼儀作法についてでしょう。挨拶としての礼、感謝や敬意を表すための礼、謝罪のための礼……など。ですが礼はマナーや礼儀作法の範疇に収まるものではありません。これまで一般には知らされてこなかった人類の潜在能力を覚醒させるカギが、志だけではなく礼にも隠されているのです。

ぶつかる力か？　調和する力か？

ここからは他者とのコミュニケーションの話だと思って聞いていただければ、理解しやすくなります。先ほどは「見えない力」と表現しましたが一般的な言葉で言い換えるとすれば、他者と「調和する力」と言えます。

先ほどの写真の事例で引き続き説明しましょう。

女性が指1本で男性5人を動かすことができたのは、礼をすることによって他者と「調和する状態」になったからです。パワーアップしたからではありません。

仮にパワーアップして力任せに人を押せば、相手の反発・抵抗をより引き出してしまいます。相手も防衛反応で「押されてなるものか」と身体に力を入れて抵抗をするからです。これは自分と相手との間で「ぶつかり」が起きている状態です（次ページ写真❶）。

ぶつかる力と調和する力

❶ 侍の礼法をする前（ぶつかる力）

物理的な力では相手からの反発・抵抗を引き出してしまう。

❷ 侍の礼法をした後（調和する力）

相手と「調和する状態」になることで、自分の意思が貫通する。

この「ぶつかり」の状態は、お互いのエゴとエゴがぶつかり合っている状態とも言えます。よって「どちらが強いのか？」という力と力の勝負・争いになります。

このような「ぶつかり」を避けて物事をスムーズに進めるためには、相手をねじ伏せるためのパワーではなく「調和する力」が必要になります。

そこで侍の礼法です。自分自身を「調和する状態」にします。

写真では礼をした女性が指1本で男性5人を押すことに成功しています。ですが、押された5人は嫌な感じが一切しません。物理的な力ではないので「やられた感」がないのです。よって、反発心や争う気持ちが起こりません。

男性5人は「あれ？　なんで後ろに倒れてしまうんだ？」と思わず笑ってしまいます。女性は「あれ？　みんな演技で倒れてくれているの？」と感じるくらい押した実感がありません。実感がないのは物理的な力ではなく「後ろに倒れてください」という女性の意思が、見えない力として貫通するからです（写真❷）。

通常、私たちには多かれ少なかれエゴがありますので、他者や環境と「ぶつかる状態」で過ごしています。そこで私たちは、がんばったり努力したりします。ですが、がんばりや努力を感じるということは、何かの反発や抵抗があるからです。

そこで侍の礼法で「調和する状態」になれば反発や抵抗がなくなります。よって、がんばることなく自然体のままで物事をスムーズに進めることが可能になるのです。

相手を悪にしない

「ぶつかる力と調和する力」は、日常でのコミュニケーションにおいても同様です。悩みの9割が人間関係と言われています。職場・家庭・友人・地域など他者との交流の中で、大なり小なりぶつかることがあるでしょう。たとえば職場での部下とのやりとりで、部下が次のような反応をすることはないでしょうか。

「『分かりました』と言いながらも、不満げな顔をする」

「『いや、でも……』といちいち口答えしてくる」

「陰でどうやら、私への不満を言っているらしい……」

職場に限らず、これと似たような人間関係のいざこざがあると思います。

そんなときには「なんだよ、アイツ……」と、相手を責めがちになります。

しかし武学では「自分が相手をそうさせている」という立場で考えます。相手を悪にしないということです。

仮に相手が悪かったとしても、こちらが正しさを主張すればするほど相手も意地になって反発・抵抗をしてくることもあるでしょう。

自分が強い立場にあれば、相手は従うかもしれません。また正論でたたみかけることで相手は謝罪するかもしれません。ですが、少なからず相手の心に恨み・つらみを残すことになり、いつか思わぬところで足を引っ張られたり、大きな問題に発展したりすることも考えられます。孫子の兵法に「百戦百勝は善の善なる者に非ず」とあるように、相手を打ち負かして勝ったとしても、その瞬間は気持ちがいいかもしれませんが、長期的に見れば何も良いことはありません。

そこで侍の礼法で自分自身を「調和する状態」に整えます。自分の方から相手に対する礼―愛・思いやり・感謝・敬意などを示すということです。思考であれこれ「この人と調和するにはどうしたらいいんだろう？」と考える必要はありません。第一章で紹介した「手のひらワーク」を思い出してください。むしろ、考えれば考えるほど自身の状態が崩れ、相手とのズレを生み出してしまいます。シンプルに正しい礼をするだけで自分自身からエゴが消え、相手と調和する状態になることができます。

もし「相手が悪い」「なんで自分から礼をしないといけないんだ?」と思うことがあれば、それは勝負や戦いの次元で物事を捉えています。ぶつかりが起こって当然です。

ぶつかりの世界で生きるのか？　調和の世界で生きるのか？

それは、あなたが選択できます。相手ではなく、「あなたが選択できる」ことがポイントです。調和を選択するのであれば、自身の状態を礼法で整えてみてください。あり方が整うことで、調和や協調の次元で問題解決に当たれるようになれるはずです。

「自分が相手をそうさせている」「相手を悪にしない」

それが自他不敗の活学・武学の基礎概念です。

礼を日常で活かす

この「調和する力」を日常で活用した事例を一つ紹介しておきます。

コミュニケーションでも難しい部類に入るのが営業、それも飛び込み営業でしょう。ある20代の青年はリフォーム会社で営業マンとして働いていたのですが、営業成績は常に最低レベル。月収は歩合給の最低保証ラインである7万円が続き、借金までするようになっていました。勉強熱心な彼は自分なりに努力を重ね、営業テクニックを職場の先輩、書籍やセミナーなどで学び実践したのですが、成果が上がりませんでした。

このときの彼は「成約を取りたい！」という自分のエゴを心に隠して、見込み客と接していたのでしょう。当然、相手との「ぶつかり」が起こります。本心をうまく隠したつもりでも不思議と相手には伝わるものです。

しかし、「そういうことか」と彼は気づきを得ます。侍の礼法を実践する中で、自分の内なるものが、見込み客との不調和を生んでいたことに気づいたのです。

そこから彼の快進撃が始まります。1年後には全国1位の営業成績を獲るようになり、その実績が認められ営業部長にまで昇進。月収はかつての30倍以上になり、借金もすべて返済することができたそうです。

「やり方よりもあり方」という言葉がありますが、まさに彼の話からテクニック（やり方）の前に、あり方が大切なことが分かります。参考までに彼のほかにも、侍の礼法を日常で活用している人たちの声を紹介しておきましょう。

- **不登校だった子どもが学校に行くようになった。**
- **お店の客層が良くなりクレームがほぼゼロになった。**
- **労いの言葉一つ言わなかった上司が急に『ありがとうな』と言うようになった。**
- **些細なことでギスギスしていた夫婦関係が良くなった。**
- **イライラや不安な感情に苛まれることがなくなった。**
- **アスペルガー症候群を疑われていた人が、人並みにコミュニケーションを取れるようになった。**

侍の礼法をやってみよう

では、実際に侍の礼法を実体験してみましょう。

本書の文章や写真をいくら読んでも見ても理解することはできません。むしろ疑問や懐疑心がつのるばかりだと思います。実際に体験をすれば「あ、本当だ」「これが調和の状態か」と瞬時に理解できますので、是非チャレンジしてみてください。

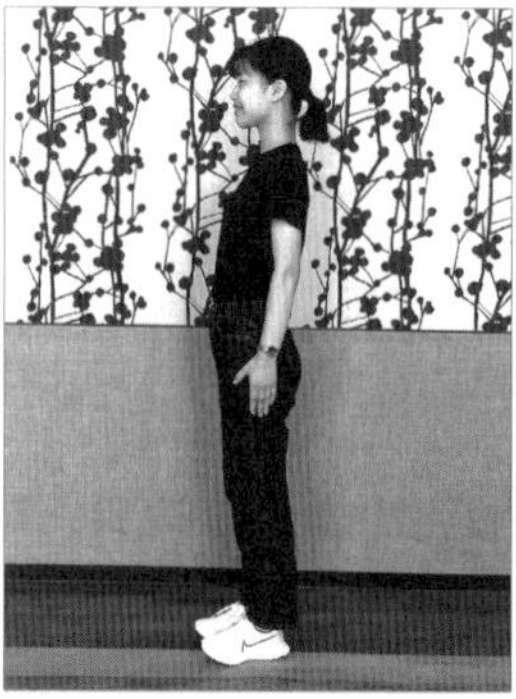

❶まっすぐに立ちます。手は真横。足のつま先は閉じます。

❷首・背中をまっすぐにしたまま、お尻を後ろに引きます。

侍の礼法の「見えない力＝調和する力」を最大限に発揮するためには七つの秘伝があります。その詳細については次章で解説しますが、まずは何よりも体験したいという人のために、ここでは今すぐにできる簡易的な方法を紹介しておきます。

【侍の礼法・簡易版】

❶まっすぐに立ちます。手は真横につけ、足のつま先は閉じます（写真❶）。

❷首・背中をまっすぐにしたまま、お尻を後ろに引くイメージで礼をします（写真❷）。

一番重要なポイントは首と背中を曲げずに、まっすぐにしたまま礼をすることです。礼の角度はおよそ45度。首と背中を曲げないで礼をするには、お尻を後ろに引く必要があります。身体は「くの字」のような形になります。身体が硬い人は、膝を曲げても構いません。

また、丁寧さも大事です。丁寧な動作は、心の丁寧さとイコールだからです。5秒くらいの時間をかけて、ゆっくりと丁寧な礼をするように心がけてみてください。

「見えない力＝調和する力」を実体験する

侍の礼法をすると、身体のエネルギー状態が変化します。しかし実際に礼をやってみると分かりますが、自分でエネルギーの変化を感じることはできません。その変化を確認するには、対人でのチェックが必要になります。

ここでは首や背中を曲げた「雑な礼」と「侍の礼法」のエネルギーの違いを体感ワークで確認してみます（131ページの写真参照）。
❶Aさん・Bさんで立ち腕相撲をします（写真❶）。
礼をする前のお互いのエネルギー状態をチェックするのが目的です。注意点としては「レディ・ゴー！」で力任せの勝負をしてしまってはチェックになりません。手を組んだらゆっくりと「1の力、2の力、3の力……」と少しずつ力を入れていきます。
❷勝った方が、首や背中を曲げた「雑な礼」をします。負けた方が「侍の礼法」をゆっくりと丁寧にします（写真❷）。

❸再び、立ち腕相撲でお互いのエネルギー状態をチェックします。先ほどと同じようにゆっくりと立ち腕相撲をします（写真❸）。

❹精度の高い侍の礼法ができているほど、力を入れることなく、手応えを感じることなく相手に勝てるはずです（写真❹）。

実際に体験すると分かりますが、たった5秒の侍の礼法をするだけで「見えない力＝調和する力」が覚醒し、立ち腕相撲で楽々勝つことができます。あまりにも手応えがなく勝ててしまうので、あっけにとられるでしょう。

礼をする前は、お互いの物理的な力がぶつかり合っている状態です。物理的な力の勝負なので当然、力が強い方が勝ちます。しかし、侍の礼法をすると不思議なことに物理次元の勝負ではなくなります。物理的な力以外のもの……見えない何かしらのエネルギーが働いていることを実体験することができます。

また礼は礼でも、首や背中が曲がった礼では、見えない力が発動するどころか、逆に自分のエネルギー状態を弱くしてしまうことにも気づくはずです。雑で乱れた礼では、自分自身のあり方も乱してしまい、日常のコミュニケーションにおいても問題を増やしてしまうことにつながるのです。

雑な礼vs侍の礼法

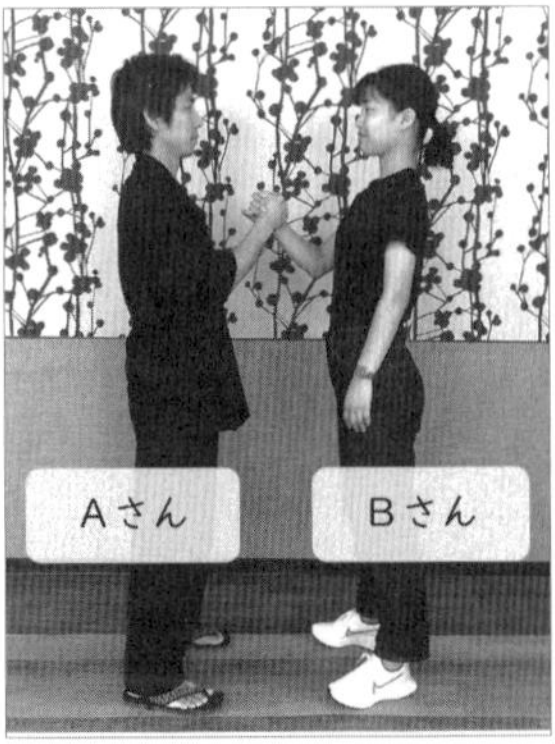

❶ゆっくりと立ち腕相撲をしてお互いの力の状態を確認。

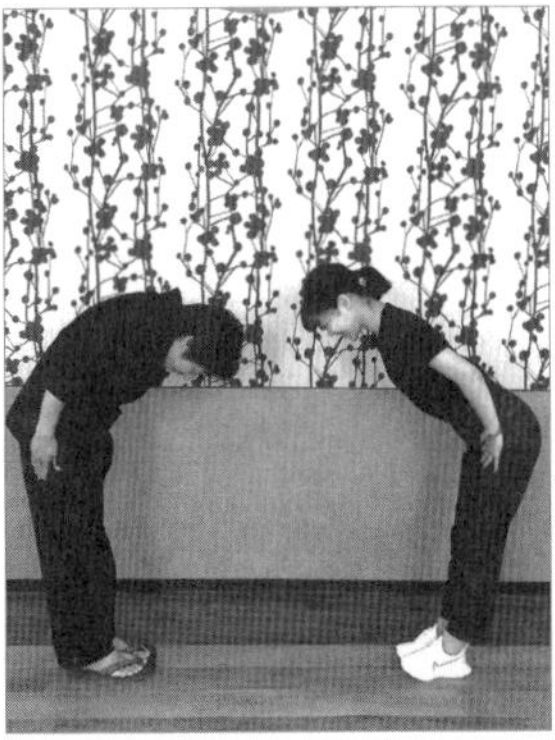

❷勝った人（Aさん）が雑な礼、負けた人（Bさん）が侍の礼法をします。

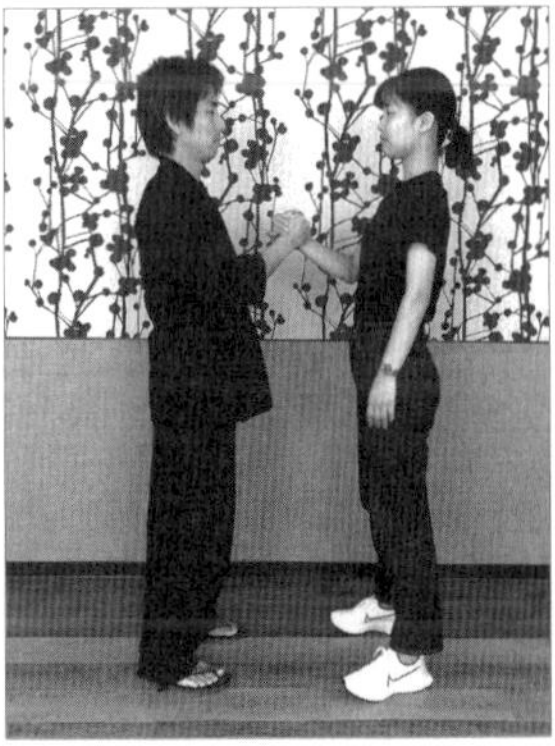

❸再び立ち腕相撲をして、お互いの力の変化を確認します。

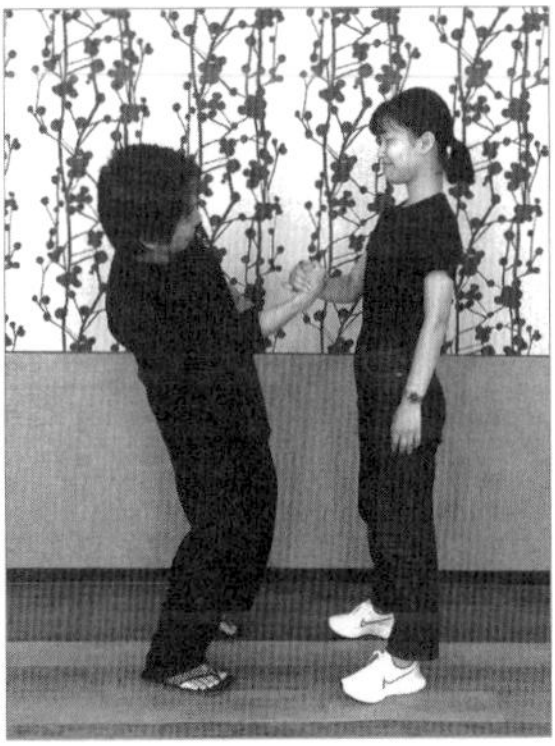

❹侍の礼法をしたBさんの方が先ほどより強くなります。

礼法とは0法（ゼロになる法）

立ち腕相撲の体感ワークで相手に勝ったときの感覚を思い出してみてください。「手応えがない」「やった感がない」「相手が弱くなった」「力を入れてないのに勝った」「ぶつかりがない」「相手の影響を受けない感じ」などの感覚があったかと思います。人によって言葉の表現が異なりますが、共通する感覚を感じているはずです。

この感覚をここまでは一般的な言葉で「調和する力」と表現してきましたが、武学では「ゼロ化」と呼んでいます。ゼロ化とは心と身体の状態がプラスでもマイナスでもないニュートラルな状態に整ったことです。

このゼロの状態を別な言葉で「元気」ともいいます。元気といっても「元気いっぱい」「元気ハツラツ」のことではありません。「ウキウキ」「ワクワク」とも違います。本来の元気は「元の気」のことです。人間が生まれながらに宿している普通の状態――穏やかで、たおやかで、しなやかで、健やかな、ごくごく自然な状態のことです。

この元気の状態がストレスなどでダウンしつつある状態を中医学では「未病」といいます。過少エネルギーの状態です。その状態をそのまま放置すると「病んだ気」つまり「病気」になります。

また逆にアップした状態「元気いっぱい」「元気ハツラツ」「ウキウキ」「ワクワク」などは

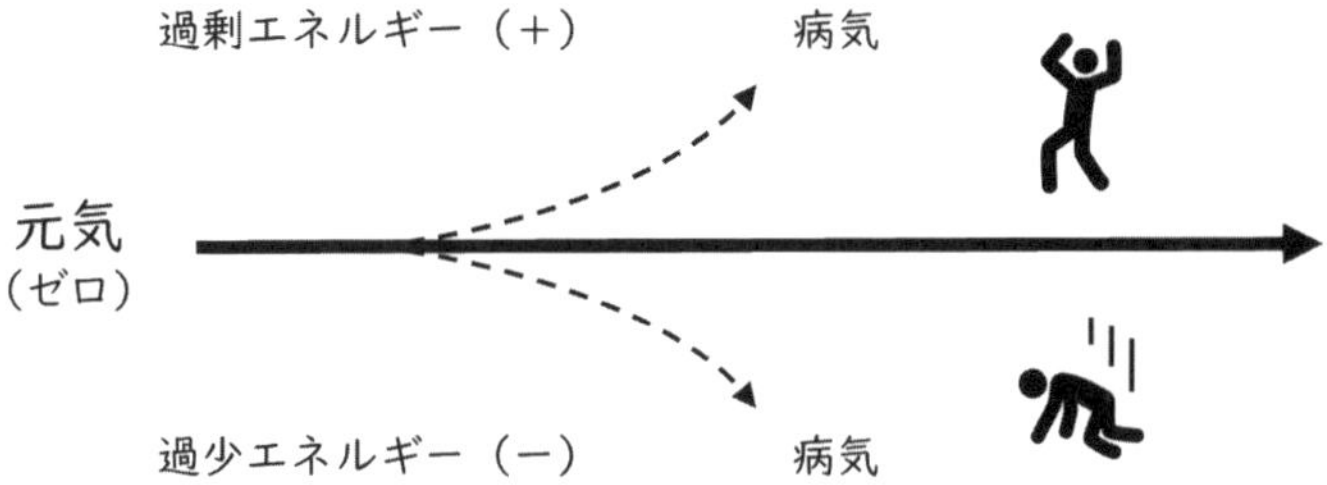

過剰エネルギーです。もしこの状態が続いてしまうと同様に病気になってしまいます。この「気」の状態を元に戻すことが、本来の「元気」になるということです。

「ウキウキ、ワクワクしてはダメなんですか？」

「楽しいことがあっても、盛り上がってはいけないのですか？」

このような質問をいただくことがあります。

結論から言えば、盛り上がってもいいですし、盛り下がってもいいのです。なぜなら、私たちはいろいろな体験や感情を味わうために肉体を持って生まれてきているからです。ですので、存分にいろいろな体験をして、ときには笑ったり、ときには泣いたりして人生を謳歌するべきでしょう。

ただし、自律的に自分の状態をコントロールできなくては、外部の状況に翻弄されるだけの人生になってしまいます。ストレスを解放できずに長い期間持ち続けてしまえば、それこそ病気になってしまいます。人生を主体的に生きて行くためには、礼法を活用して心身の状態を整えることを心がけてみてください。

世界的に日常で礼を一番しているのは「和の精神」を持つ日本人。

その和の精神を体現した形が礼だとも言えます。そして礼をすることで、体感ワークで検証したように、和の精神は「見えない力」として相手に浸透します。私たちの先祖は、このことを感覚的に分かっていたのでしょう。

しかし残念なことに、現代ではほとんどの日本人が正しい礼を忘れてしまっています。ということは、昔よりも「調和」ではなく「ぶつかり」を起こしやすい状態の人が多い世の中になっているのかもしれません。

これまでの日常生活で何となく行っていた礼を侍の礼法にするだけでも、変化が現れます。礼をした後の自分のエネルギーの変化は自覚できないですが、出会う人の反応や、場の雰囲気の変化などに明らかな違いが出てくるはずです。是非、日常で侍の礼法を習慣化して、その変化を感じてみてください。

お辞儀の語源と由来

お辞儀は800年頃に最初に出てきます。時機が適していることを意味する「時宜（じぎ）」という言葉が語源であると言われています。その後の時代の変化の中で、今のお辞儀の意味である「人への配慮」＝「礼節」を表現するための作法へと変化し「小笠原流礼法」が生まれました。

元々は高貴な人たちである「侍」が学ぶ作法であり、その時々の身分や文化に適応した型が作られ、庶民が使うものではありませんでした。

その後、庶民も作法を意識するようになり「お辞儀」という言葉が定着し、1860年頃に今のお辞儀の原型ができたと言われています。

時系列で見てみると「時宜」という言葉から始まり「お辞儀」が生活に定着するまでに約1200年の歴史があるのです。

お辞儀には、揖（ゆう）・礼（れい）・拝（はい）の3種類があり自然に使い分けをしています。

お辞儀の種類	角度	意味
揖（会釈）	約15度	朝夕の挨拶などに使う
礼（敬礼）	約30～45度	お客様や目上の人などに対して敬意を表すときに使う
拝（最敬礼）	約90度	最も深いお辞儀で、お詫びをするとき深い感謝を表すときに使う

第五章

侍の礼法・七つの秘伝

先生の真似をすると間違える

侍の礼法には、七つの秘伝があります。

①頸椎（けいつい）②胸椎（きょうつい）③仙骨（せんこつ）④つま先 ⑤側手（そくしゅ）⑥正眼（せいがん）⑦正中（せいちゅう）

この七つを整えていくことで、よりゼロ化し、そして私たちの身体に宿っている38億年の叡智を開いていくことができます。

ただし、ここで注意すべきことがあります。それは、「先生の真似をしてはいけない」ということです。

普通は「先生の真似をしなさい」と指導されることが多いでしょう。ですが、特に礼法に関しては先生の真似をすると間違えます。また本書にも参考として写真を載せてはいますが、それを真似しても間違えます。つまり、先生や書籍などの外部情報が、あなたにとっての正解だとは限らないということです。

あなたも全人類の心と身体を整えることができる

ゼロ化するための七つの秘伝――頸椎・胸椎・仙骨などの位置は人それぞれ微妙に異なります。地球上に77億人いるならば、77億通りの正解があるということです。

では、その正解をどうやって見つければいいのか？

対人チェックであれば１００％確実に見つかります。

あなたにとっての正解は、誰でもない「あなたの身体」が知っています。その正解を引き出す方法が、これから紹介していく「七つの秘伝・対人チェック法」です。

このチェック法を知っていれば、全人類77億人、人によって異なる頸椎・胸椎・仙骨などのベストな位置を確実に見つけることができます。つまり、あなたも全人類の心と身体の状態を「元気（元の気）」な状態に整えることができるということです。家族や友人を整えてあげることも可能です。お金もかかりませんし、副作用も一切ありませんので安心安全です。

世の中には瞑想やヨガなど、心と身体を整えるための様々なメソッドがあります。ですが仮に30年40年と修行を積んだとしても、習得できているのかは分かりません。なぜなら、客観的にチェックするシステムがないからです。

チェック法さえあれば、「できているのか？　いないのか？」の判断を自己判断ではなく、

侍の礼法・七つの秘伝

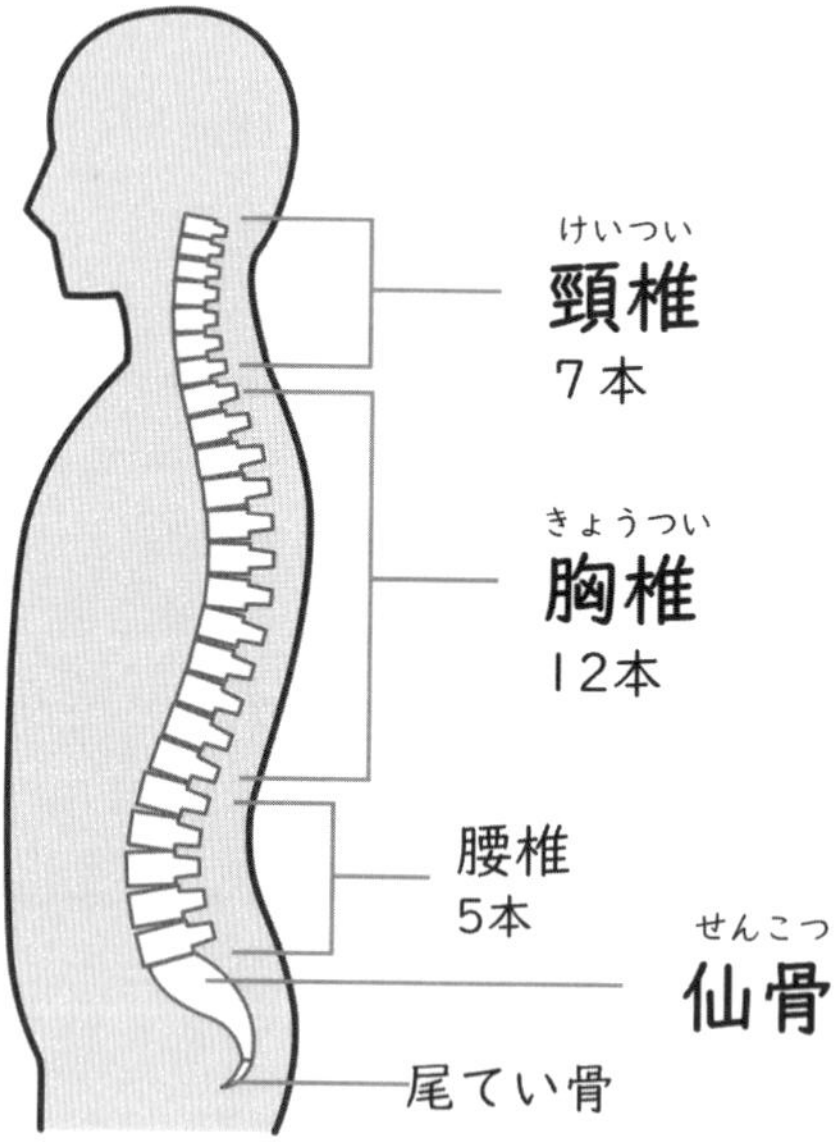

1.頸椎《けいつい》　2.胸椎《きょうつい》　3.仙骨《せんこつ》　4.つま先

5.側手《そくしゅ》　6.正眼《せいがん》　7.正中《せいちゅう》

客観的かつ正確に知ることができます。本人の思い込みやインチキの介入する隙はありません。「あぁではないか？　こうではないか？」という議論の余地もありません。誰が見ても「１００％、そうだ」の世界です。よって、専門知識を学んだり、修行をしたりする時間を数十年単位で大幅に短縮することができるのです。

自分の正しさは絶対に自分では分からない

「自分１人でチェックする方法はないのですか？」

このようなご意見を聞くことがあります。ここで断言しておきますが、１人では１００％無理です。実際に対人でチェックしてみると、次の三つのことに気づくはずです。

・自分が正しいと思った位置のほとんどが間違っている。
・対人チェックをして合わせたはずの位置が数秒後には、ずれている。
・日によって正しい位置が微妙に変わる。

対人チェックをすればするほど、「自分の正しさは絶対に自分では分からない」という結論に行き着きます。このことから、自分１人ではなく、常に仲間とともに研鑽することの大切さを知ることができます。そして「私は正しい」と１人で主張することが、いかに無意味で愚かなことなのかが分かります。よって傲慢になることもありません。

私たちのこの肉体も諸行無常です。日々、同じ状態が続くことなどありません。食べたものによっても、場所によっても変わります。たとえば、南半球に行くとエネルギーの回転が逆なので、頸椎の位置が大きく変わることがあります。身体のエネルギーは環境と交信しながら変動していますので、絶対に正しい不変の位置はないのです。

1人でのチェックでは、100％確実に間違えます。対人チェックをすれば、100％確実に正しい位置が分かります。

武学の秘伝とは、何か特別な「教え」があるわけではありません。この「対人チェックの仕組み」そのものが実は秘伝なのです。

生命のカギを握る頸椎

七つの秘伝は、骨格の調整で心と身体の状態を整えることをしていきます。物理的な骨格のアプローチであれば、誰でも100％できるからです。

人間の身体は、頭蓋骨から骨盤まで、頸椎・胸椎・腰椎など脊椎という骨でつながっています。その脊椎の中を脊髄という神経の束が通っていて、脳から送られた命令を身体全体に伝えます。従って、脊椎に歪みがあれば神経が圧迫されて、脳からの命令が身体全体に正しく伝わらなくなります。その結果、痛みや麻痺、運動機能の低下、機能不全など、身体のトラブルを招くことになるのです。

そこで最も重要になるのが、脳に一番近い頸椎です。カイロプラクティックの創始者D・D・パーマーの息子であるB・J・パーマーは上部頸椎の1番2番に着目をしました。脊椎の中でも特に頸椎を整えることが、自然治癒力を引き出す効果が高いことを発見したのです。頸椎1番2番には、生命維持を司る脳幹の一部、延髄が入り込んでいます。

頸椎がずれていると脳から本来100流れるはずの命令が、70・60と減ってしまうことになります。つまり、人間本来の生体機能を100％発揮できないことになり、心身のトラブルにもつながるということです。

私の兄が末期のすい臓がんで闘病していたことはお話しました。亡くなる直前には、激痛で1時間も寝ることができない過酷な状態が続いていました。ですが、頸椎の位置を調整したところ、5時間ぐっすりと睡眠が取れるようになりました。それくらい、頸椎の位置が身体に与える影響は大きいのです。

〈七つの秘伝〉

その一、頸椎のチェック法

まずは最も重要な、頸椎のチェックから始めます。フィンガーリング（指の輪）の反応でエネルギーがしっかりと流れる、正しい頸椎の位置を探します。

はじめに前準備として、チェックに使う指を決めます。被験者は親指とその他の指で輪を作ります。はじめは親指と人差し指で輪を作ります。ギュッと力を入れて輪を作る必要はありません。自然な力で指の輪を作ります。

チェック者は被験者の指の輪が開くかどうかをチェックします。開かない場合は指の力が強すぎてチェックには使えません。次に中指・薬指・小指の順番で輪を作り、同様にチェックします。適度な力で開く指が頸椎チェックに適した指です。どの指が適しているのかは人によって違いますが、親指と薬指の輪が適している場合が多いです。

チェックに使う指が決まったところで、頸椎のチェックに入ります。

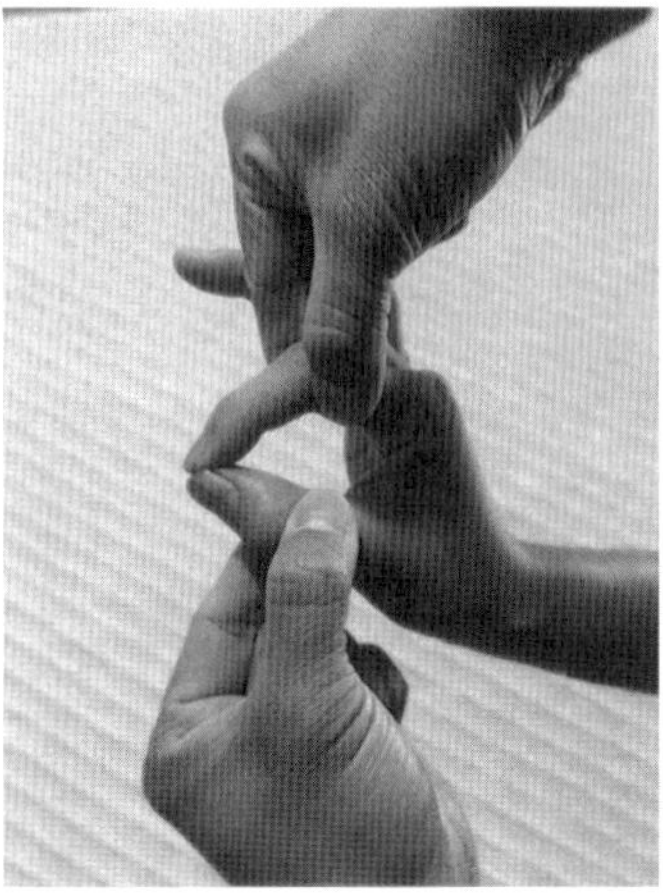

被験者は親指とその他の指でフィンガーリング（指の輪）を作ります。

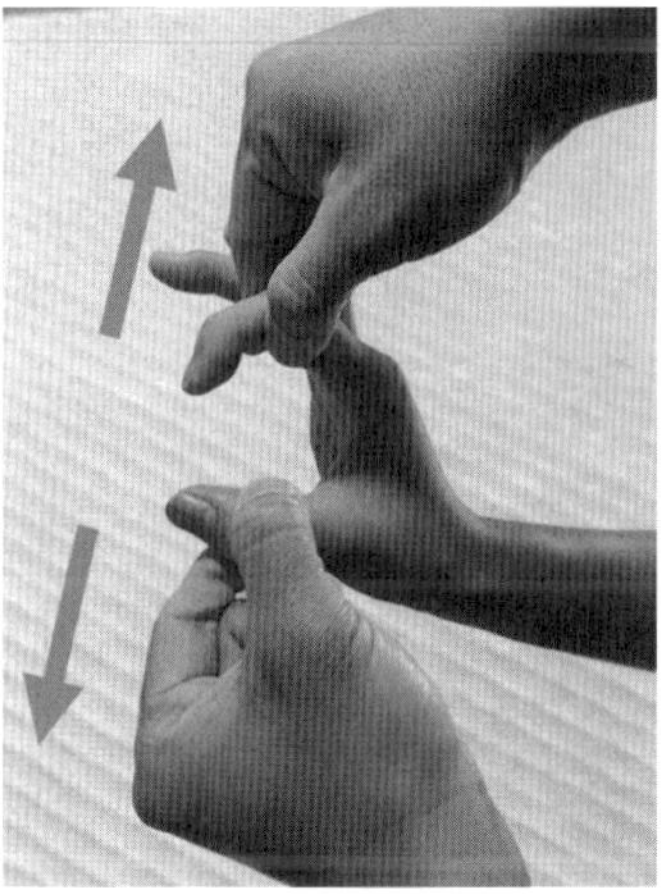

チェック者は被験者のフィンガーリングを引っ張って、開くかどうかをチェックをします。

①頸椎(けいつい)のチェック法

❶被験者は最初にあえてヘソを見て頸椎を曲げます。その状態でフィンガーリングのチェックをします。脳からの命令である電気信号が、頸椎で圧迫されているので簡単に指が開くはずです。

❷正しい頸椎位置を探していきます。首の角度をおよそ5㎜上げるごとに、フィンガーリングでチェックします。正しい頸椎の位置に近づくにつれ、指の力が強くなりフィンガーリングが開きにくくなってきます。

❸首の角度が上がりすぎても、指の力は弱くなります。

❹正しい頸椎位置が見つかると、力を入れなくてもフィンガーリングは開かなくなります。脳からの命令である電気信号が頸椎で阻害されることなく、しっかりと身体へ流れている状態だからです。

頸椎のチェック

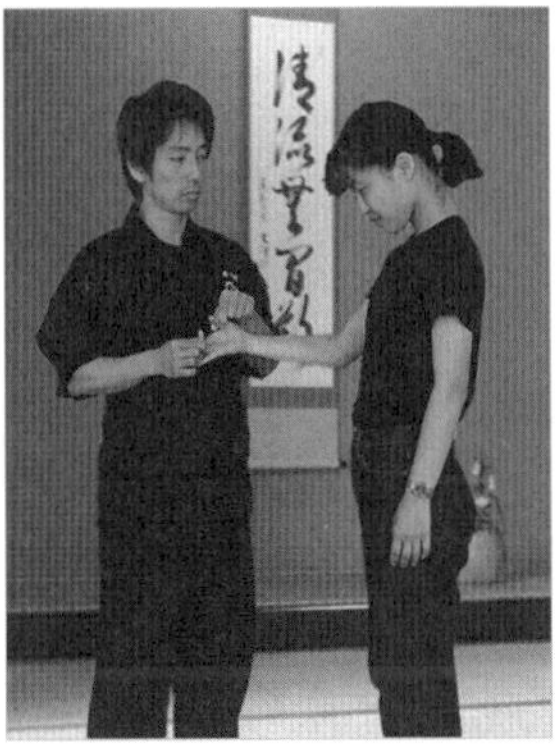

❷首の角度を少し上げる毎にフィンガーリングでチェックをします。

❶あえてヘソを見ます。頸椎が曲がっているので、フィンガーリングは簡単に開きます。

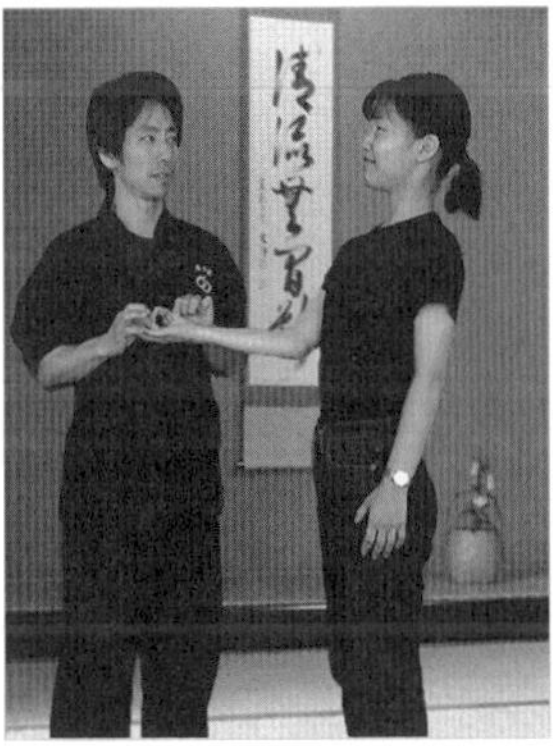

❹頸椎が正しい位置にくると、指の力が強くなりフィンガーリングが開かなくなります。

❸首の角度が上がりすぎても指の力は弱くなりフィンガーリングが開きます。

その二、胸椎のチェック法

②胸椎（きょうつい）のチェック法
　はじめに、先ほどチェックした正しい頸椎の位置でまっすぐに立ちます。
❶約45度の礼をします。その状態のままフィンガーリングでチェックします。
❷フィンガーリングが開く場合は、正しい頸椎の位置に合わせます。
❸胸椎のチェックをします。チェック者は頭を後ろへ押します。いきなり強く押さずに、弱い力からゆっくりと少しずつ力を強くしていきます。
❹胸椎の位置が正しくないと、ちょっと押されただけで身体がぐらつきます。

　頸椎が曲がらないように約45度の礼をして、身体を傾けたところでフィンガーリングでのチェックをします（写真❶❷）。正しい頸椎の位置が分かったところで、胸椎のチェックに入ります。チェック法は被験者の頭を後方へ押します（写真❸）。胸椎の位置が正しくなければ、ちょっと押されただけで身体がぐらつきます（写真❹）。胸を微細に張ってみたり、猫背にすぼめてみたりして身体がぐらつかない位置を探します。頸椎・胸椎の位置が正しければ、多少強く押されてもビクともしなくなります。

胸椎のチェック

❷礼をしたときに頸椎が曲がるとフィンガーリングが開いてしまいます。（ＮＧ例）

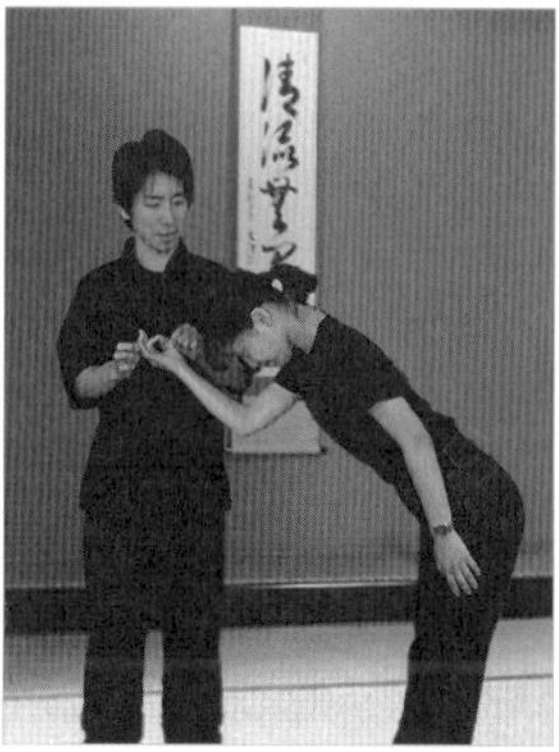

❶礼をした状態で頸椎のチェックをフィンガーリングでします。

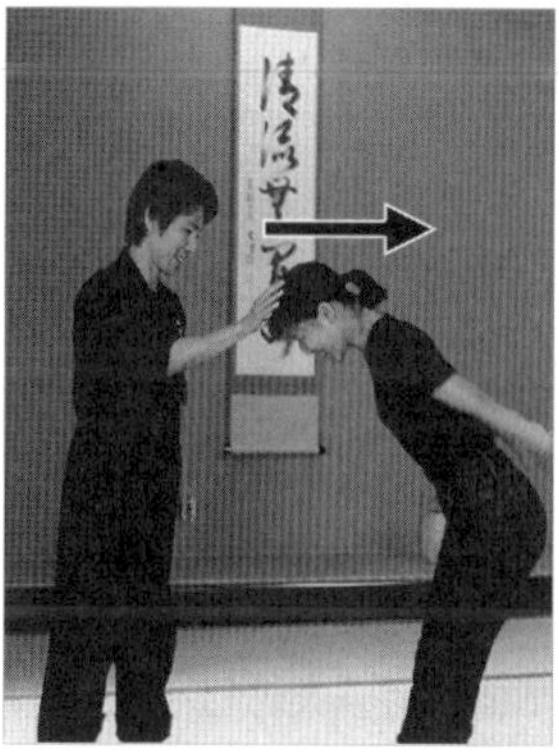

❹胸椎の位置が正しくなければ、弱い力で押されただけで崩れます。（ＮＧ例）

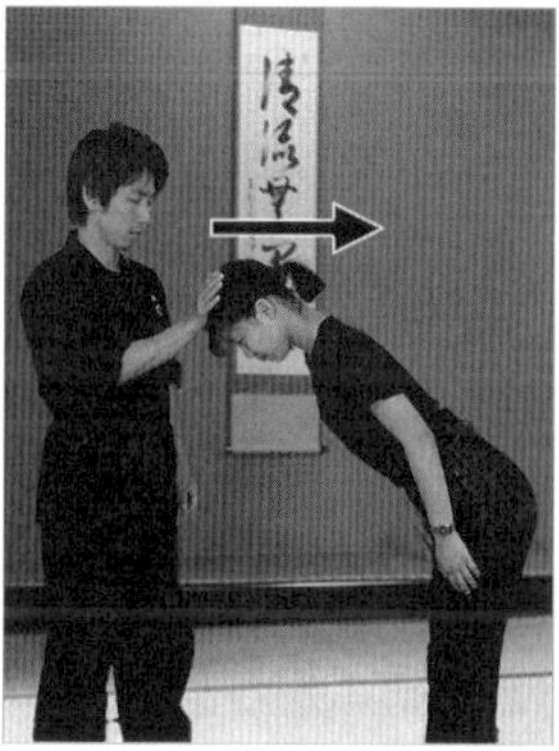

❸頸椎がOKであれば前から押してチェックします。胸椎の位置が正しければ安定します。

その三、仙骨のチェック法

③仙骨(せんこつ)のチェック法
まず被験者は、頸椎・胸椎の位置を合わせた状態でまっすぐに立ちます。
❶チェック者は被験者の仙骨に拳をあてて、被験者が倒れないくらいの力で圧力を加えます。被験者は仙骨に意識を向けると倒れにくくなります。
❷被験者は仙骨で拳を押し返すイメージで礼をします。このときにチェック者は仙骨を押している拳の圧力は変えないようにします。
❸仙骨の位置が正しければ、拳で押されていても安定します。
❹仙骨の位置が正しくなければ前にバランスが崩れます。

仙骨は尾てい骨ではありません。その上にある平べったい場所が仙骨です。

その仙骨をチェック者に拳で一定の圧力を加えるように押し続けてもらいます。被験者は仙骨に意識を向け、押されている拳を押し返すイメージで礼をします（写真❶❷）。先ほどチェックした頸椎・胸椎の位置が変わらないように注意しながら礼をします。仙骨の位置が正しくなければ前にバランスが崩れます（写真❸❹）。

仙骨のチェック

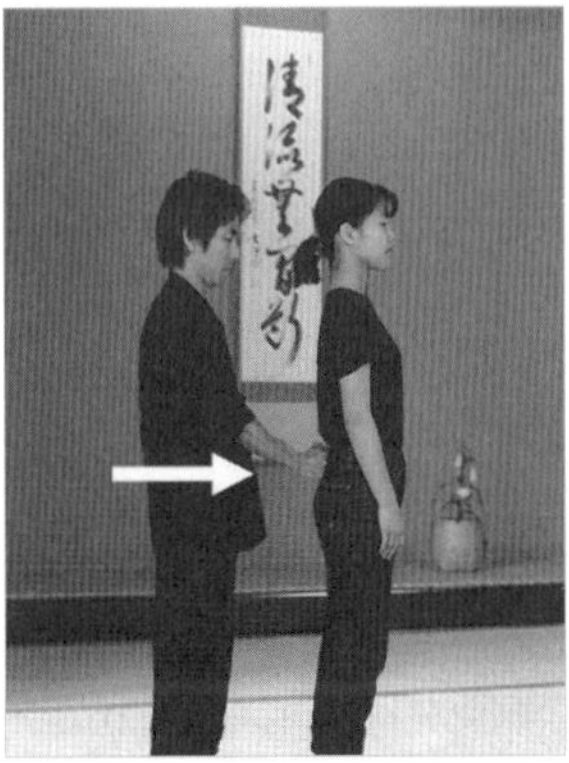

❶被験者の仙骨に拳をあてて、倒れないくらいの力で圧を加えます。

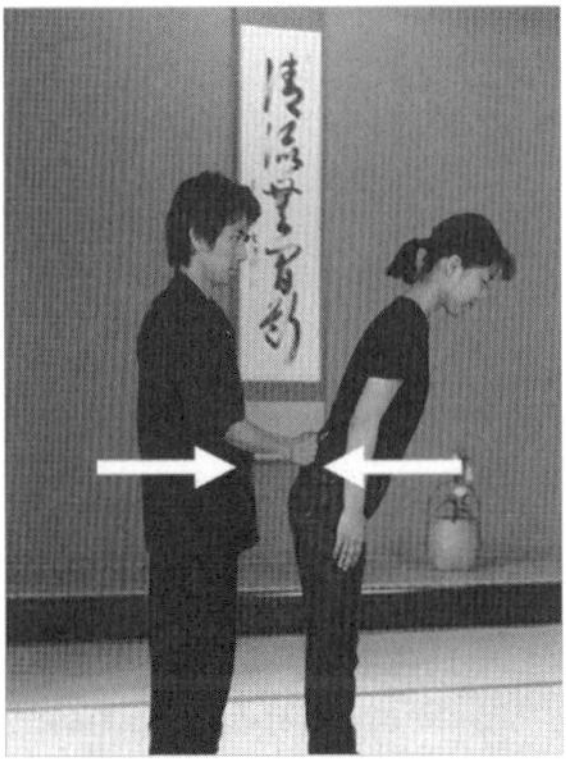

❷被験者は仙骨で拳を押し返すイメージで礼をします。
（拳の圧は変えない）

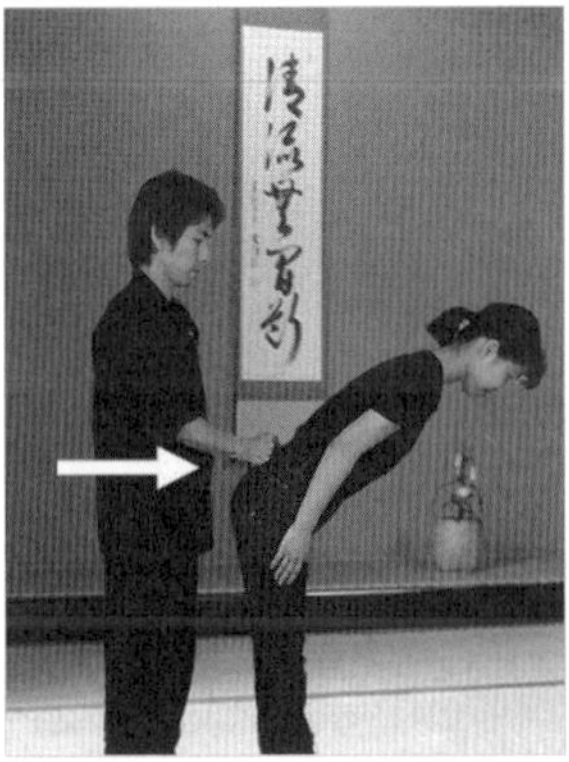

❸仙骨の位置が正しければ、拳で押されていても安定します。

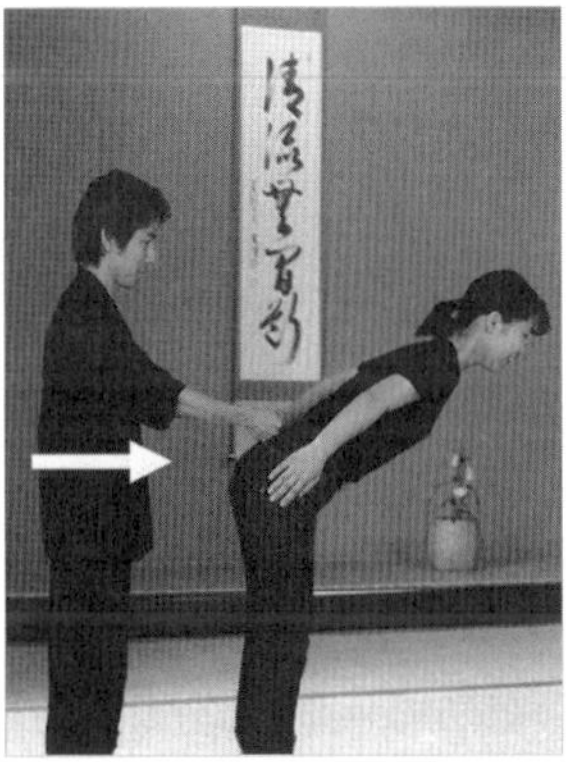

❹仙骨の位置が正しくなければバランスが崩れます。
（ＮＧ例）

うまくいかない場合は、拳で押されている仙骨へ意識を向けて、お尻をぐっと後ろに突き出すイメージでゆっくりと礼をしてみてください。

ここまでできましたら、次のステップです。

頸椎が7本、胸椎が12本、そして腰椎が5本。計24本の骨がエネルギーの通る場所に置かれているのかをチェックします。

チェック者は被験者の頭頂部と仙骨を2本指で前後に揺らすように押します。被験者がぐらつくようであれば、頸椎・胸椎・仙骨の微調整をして、ぐらつかない位置を探します（写真❺）。

このときのコツとして、被験者は頭のてっぺんから仙骨までのラインをしっかりと意識するようにします。なぜなら、ほとんどの人が意識と身体が一致してないからです。チェック者に頭頂部と仙骨を軽く叩いてもらって、自分の身体が頭のてっぺんから仙骨まであることを意識するとエネルギーの通りがよくなります。エネルギーが通ったのかどうかは、本人よりもチェックしている人が分かります。

チェック者に前後に揺すられても身体が安定する状態になれば、頭頂部から仙骨までエネルギーがしっかりと通った状態です。

ここまで確認できましたら、最後のチェックです。チェック者が頭頂部と仙骨を押さえたままの状態で、被験者は前に歩いてみます。エネルギーがしっかりと通り、ゼロ化していれば、楽に前に歩いて行くことができます。ゼロ化をするとムスビ（同化）が起こるため、チェック者は手を離すことができず、身体ごと持っていかれます（写真❻）。

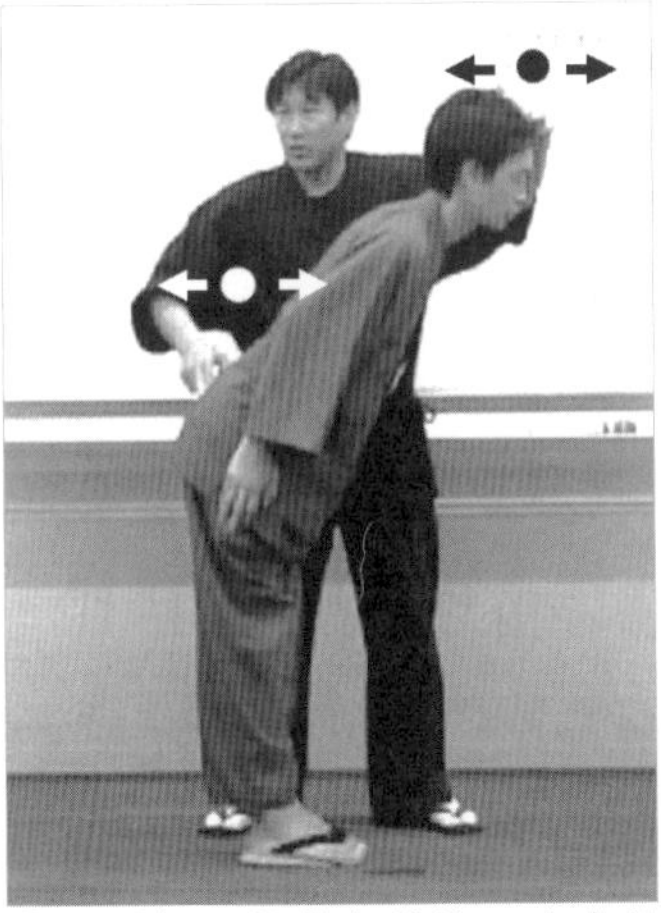

❺頭頂部と仙骨を前後にゆすります。

❻エネルギーが通っていれば前に歩くことができます。

その四、つま先のチェック法

④つま先のチェック法
「結び立ち」と「閉足立ち」のエネルギーの違いを確認します。
❶まずは、つま先を広げた「結び立ち」のエネルギーチェックを行います。
❷チェック者は被験者の胸骨（胸の上の部分）をそうっと押します。前からちょっと押されただけで、後ろに倒れてしまいます。
❸次につま先を前向きに揃えた「閉足立ち」のエネルギーチェックを行います。
❹再び、胸骨を前から押します。今度は押されても耐えることができます。

足の形、つま先ですが、柔道や空手・体育の授業で教わる「結び立ち」という立ち方があります。つま先を約45度に広げた立ち方です。この立ち方でまっすぐに立ち、チェック者に胸骨（胸の上の部分）をそうっと押してもらいます。すると、ちょっと押されただけで倒れてしまいます**（写真❶❷）**。

次につま先を前に揃えます。先ほどと同じように、そうっと前から押してもらいます。今度は多少強く押されても耐えることができます**（写真❸❹）**。このことから、エネルギーはつま先の方向に流れることが分かります。

つま先のチェック

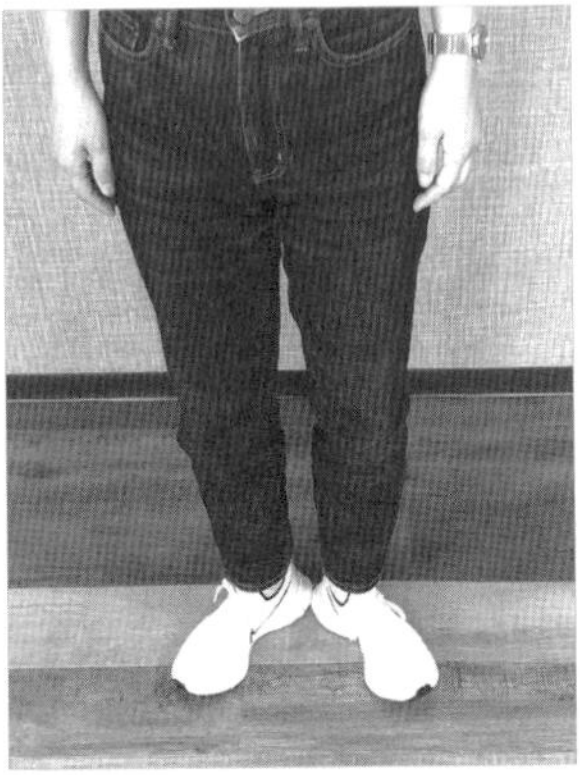

❶まずはつま先を約45度に広げた「結び立ち」のエネルギーチェックを行います。

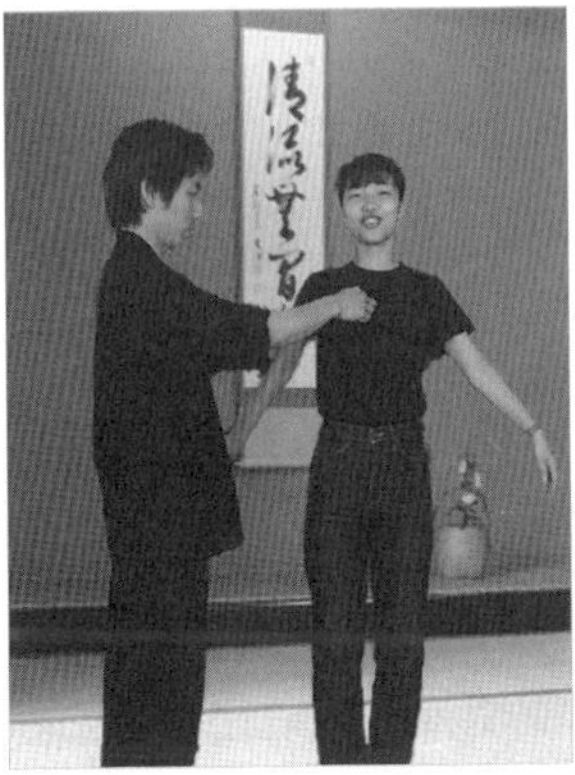

❷前からちょっと押されただけで、倒れてしまいます。（ＮＧ例）

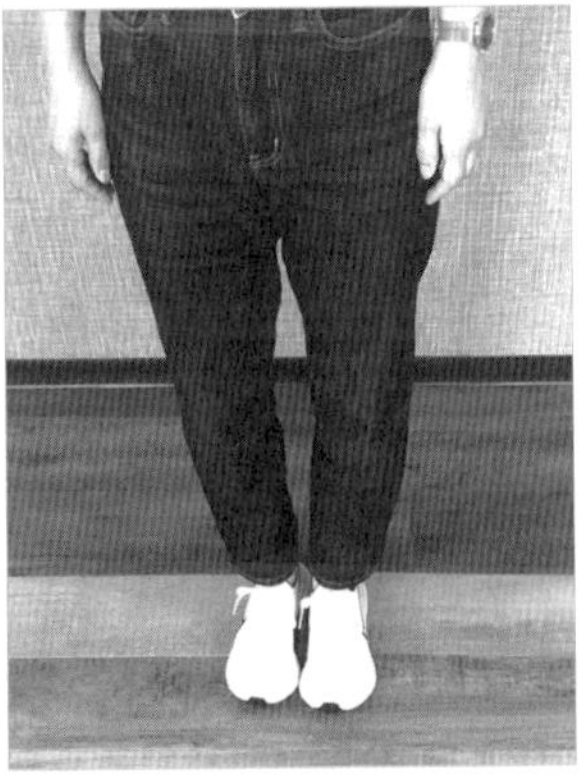

❸次につま先を揃えた「閉足立ち」のエネルギーチェックを行います。

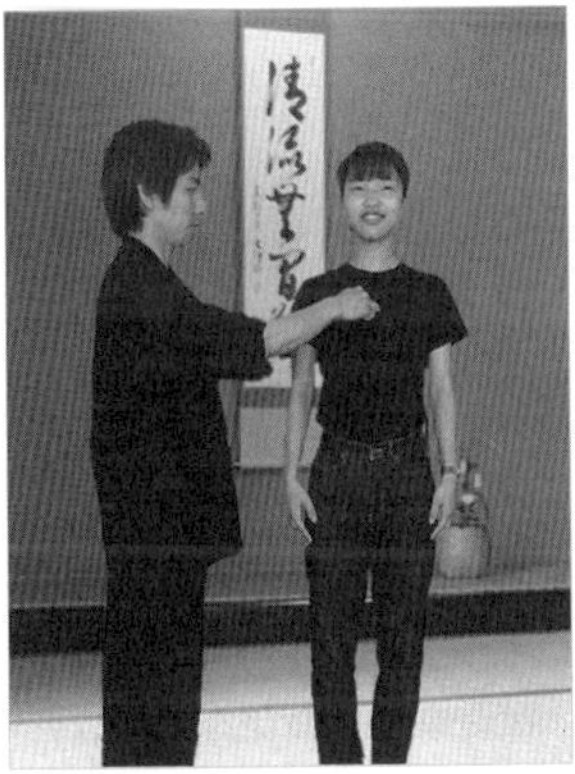

❹前から押されても耐えることができます。

その五、側手のチェック法

⑤側手（そくしゅ）のチェック法

「側手」とは体側に手をつけることです。第三章でも紹介した「側推法」でチェックしていきます。

❶被験者は腰幅から肩幅くらいの足幅で普通に立ちます。

❷チェック者は「どのくらいの力で被験者を横から押すと身体が揺らぐのか」を確認します。いきなり強く押すのではなく、被験者の肩のあたりを丁寧に少しずつ強く押していきます。身体が揺らぐ基準は、片足が浮くくらいが目安です。

❸肩の力を緩めて手を下げたところに風市穴という経穴があります。そこを中指と薬指で触れるようにします。

❹風市穴は人によって位置が違います。側推法で身体の反応が強くなる指の位置が風市穴の位置になります。その位置を側推法でチェックして探してください。

側手は「胆経」という経絡を使っています。経絡とは分かりやすく言うとエネルギーが流れているラインのことです。そして胆経とは経絡の一つで、視覚・聴覚・思考分野から、身体の側面を通って足へと流れているエネルギーラインです。

側手《そくしゅ》のチェック

❶まずは普通に立って、側推法で今のエネルギー状態をチェックします。

❷どれぐらいの力で揺らぐのかを確認しておきます。

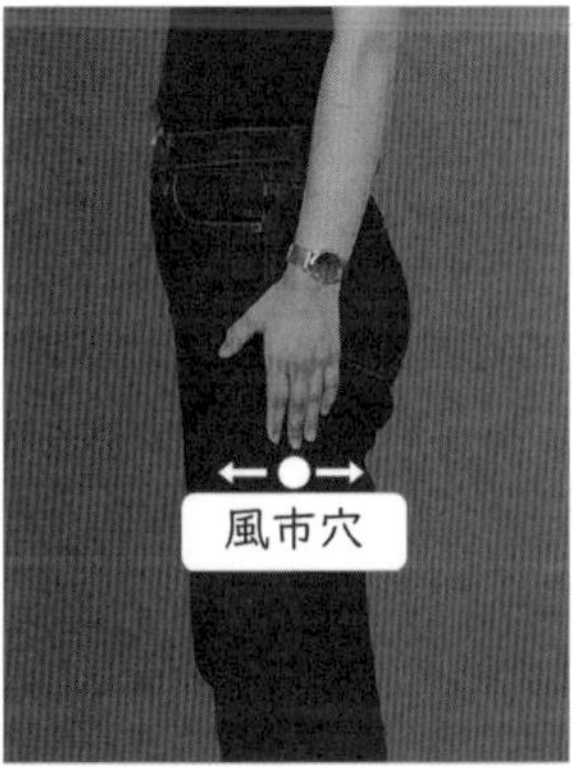

❸風市穴は人によって位置が微妙に違うので、エネルギーが通る位置を探します。

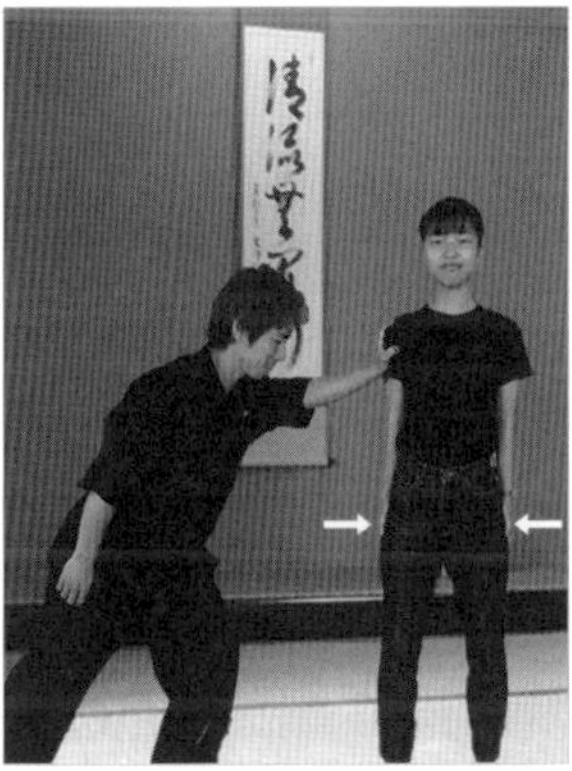

❹身体の反応が強くなる手の位置（風市穴の位置）を探します。

そのライン上に「風市穴」という経穴・ツボがあり、そこを指で触れることで、エネルギーが回るようになります。

経絡・経穴・ツボなどと聞くと、民間療法のように思われがちですが、世界保健機関・WHOにも、医学的有効性が認められています。また、一般的にツボと聞くと「指圧」のイメージがあるかもしれません。ですが、押す必要はまったくありません。指で触れるだけで十分です。

触れる指は中指と薬指を使います。中指は心包経という経絡が通っています。薬指は三焦経という経絡が通っています。この中指・薬指の2本指で風市穴に触れることで、胆経との電気配線ができてエネルギーが回り出します。よって筋肉への電気信号が流れて身体の反応が強くなります。

風市穴の位置は人によって違いますし、その日の体調によっても変化します。157ページの**写真❸**で図示はしましたが、外部情報を真似しては間違えます。必ず対人チェックで自分にとっての正しい風市穴の位置を探してみてください。

礼をするときの手の位置は、この風市穴に中指と薬指が触れる位置となります。

対人チェックが上達すると性格も良くなる

対人チェックは被験者よりも、チェック者の方がある意味、良い稽古になります。相手を知るための感性を磨く稽古としてです。たとえば、側推法でチェックをするときに「とりあえず、横から押しとけばいいんでしょ?」と雑に押すだけでは、相手の状態を微細に感じることはできません。相手のことを知ろうとしていない状態だからです。

七つの秘伝のチェックでは「相手の今の状態」、そして「相手のエネルギーの変化」をより微細に、より繊細に感じ取れるように意識をします。思いやりを持って、相手のエネルギーが

❶雑な押し方。相手の状態を見ることができない。(NG例)

❷相手の状態を微細に感じながら少しずつ押していく。

通る位置を見つけてあげるサポートをするということです。

写真では分かりにくいですが、側推法で雑に押している様子が前ページ写真❶です。これでは相手の状態や変化を見ることができません。前ページ写真❷は、相手に意識をしっかりと向け、そうっと触れて、相手の状態を微細に感じ取ろうとしている様子です。

この対人チェックが雑な人ほど、性格も雑な傾向にあります。

とある稽古会で、側推法の押し方が雑な女性がいたそうです。本人は良かれと思ってなのか、とにかく力任せで相手のことを押していました。

その女性とペアを組んでいた人は「あなたはこういう押し方をしてますよ」とその女性の雑な押し方を真似して押してあげました。女性はハッとした顔をしました。「私はこんな乱暴な押し方をしていたのか……」と自覚したからです。そして何より、相手に意識を向けていなかった自己中心的な自分のあり方に気づいたのです。

その女性は人間関係、特に母親との関係に悩んでいたそうです。ささいなことで母親と口論になることが多く、その原因は自分ではなく母親にあると思っていました。ですが、対人チェックの気づきで「自分が母親をそうさせているのでは？」と思えるようになったそうです。「母親の立場も考えずに、私は自分の言いたいことだけをぶつけていたのかもしれない……」と。

その気づきがあってから、少しずつ母親との関係性が改善し、今では口論することがほとんどなくなったそうです。

対人チェックが上達してくると、その人の性格が自然と良くなっていきます。他者への意識、思いやりの気持ちが非言語での対人稽古で感覚的に育まれるからです。

この世界は自分だけではなく、他者との関係性で成り立っています。自分の外部にある世界をよく観察してから、自分はどのようにあるべきかを考える必要があります。それを無視して「自分のあり方はこうだ」では、外部とのぶつかりが必ず起こります。

理想は上善如水（上善は水のごとし）です。水は器によって自在に形を変えます。コップであればコップの形に、花瓶であれば花瓶の形になります。そして生命に水は欠かせません。動物・菌類・植物・古細菌・細菌などすべての生命に益しています。つまり、周りの環境に合わせて、水のように自身のあり方を自在に変えながら、環境に益することが理想です。

その六、正眼のチェック法

⑥正眼（せいがん）のチェック法
正眼とは目の使い方です。
❶まずは視線をどこか1点に集中させます。
❷側推法でチェックします。エネルギー状態は弱くなります。
❸次にぼやっと遠くを見るようにして視野を広げます。目の焦点を合わせずに、部屋全体・景色全体を見るイメージです。
❹側推法でチェックします。エネルギー状態が強くなることが確認できます。

目の使い方だけでも、身体のエネルギー状態が整います。ここでは「正眼」という名称で紹介していますが、居合いでは「遠山《えんざん》の目付《めつ》け」、空手では「遠山目《えんざんもく》」、少林寺拳法では「八方目《はっぽうもく》」と言います。いろいろな名称がありますが、要は、「ぼやっと遠くを見る」ということです。部屋人によってどのようなイメージで遠くを見るかで、エネルギーの通り方が変わります。部屋全体なのか、遠くの山なのか、はたまた宇宙レベルなのか。いろいろと試してみて、自分にとって一番エネルギーの通りやすい目の使い方を探してみてください。

正眼《せいがん》のチェック

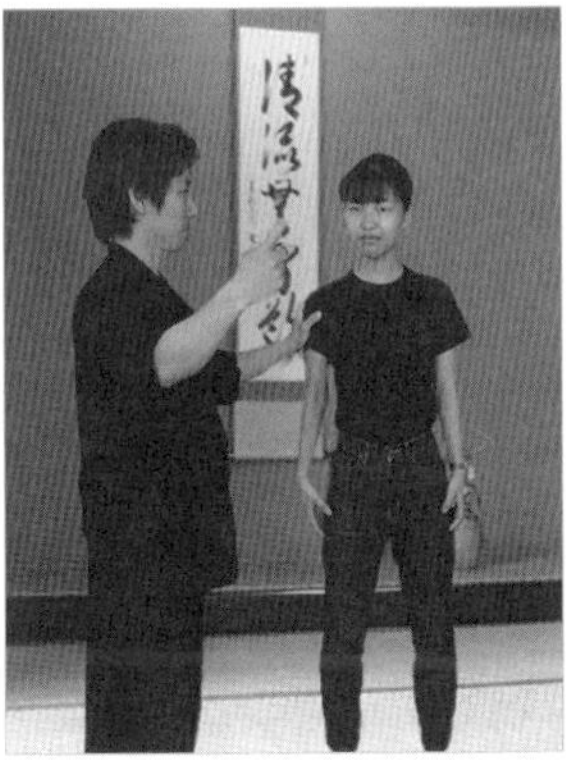

❶視線を1点に集中させます。

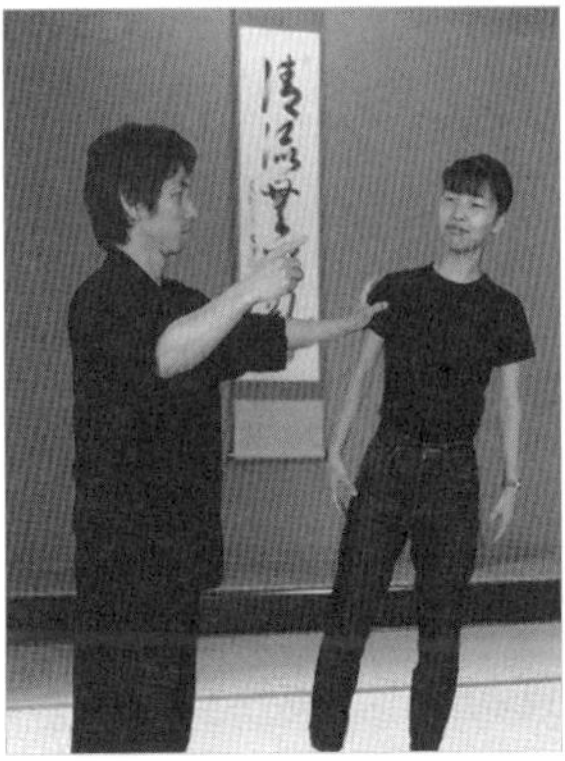

❷側推法で横から押してチェックします。弱くなります。（ＮＧ例）

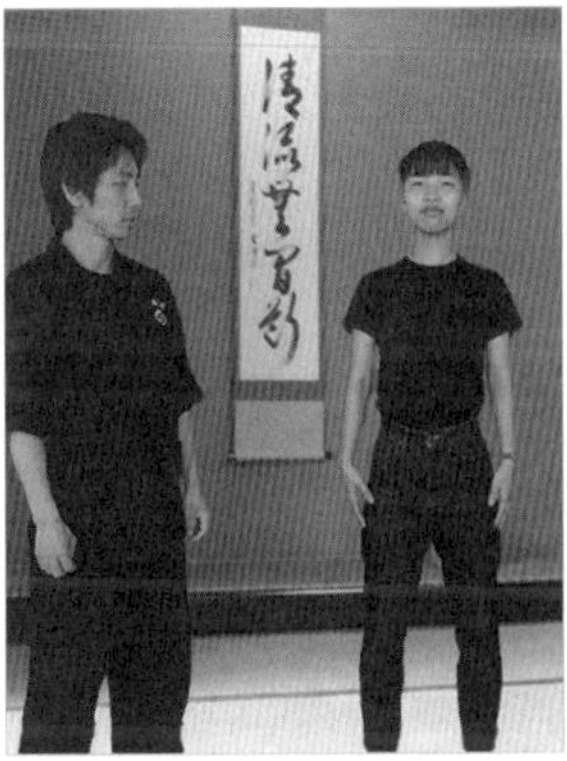

❸次にぼやっと遠くを見るようにして視野を広げます。

❹側推法で横から押してチェックします。強くなります。

その七、正中のチェック法

⑦正中（せいちゅう）のチェック法
礼の方向によって、相手へのエネルギーの伝わり方が変化します。
❶まずは相手と違う方向に礼をします。
❷立ち腕相撲でチェックをします。エネルギー状態の変化をチェックするのが目的です。力任せの勝負ではなく、手を組んだらゆっくりと「1の力、2の力、3の力……」と少しずつ力を入れていきます。
❸次に相手の身体の中心（正中）に向かって礼をします。
❹再び、立ち腕相撲をしてエネルギー状態の変化をチェックします。

これまでの頸椎・胸椎・仙骨・つま先・側手・正眼を整えて侍の礼法をすることで、自分自身はゼロ化します。しかし、相手がいる場合、相手の中心（正中）に意識を向けて礼をしないと、ゼロ化したエネルギーは相手に浸透せずにぶつかりが起こります。しっかりと相手の中心（本質）と関わらなければ、こちらの意図が伝わらないということです。

人の間と書いて人間です。その間（空間）を含めて、自分と相手の間に不浄なものが入らないように礼をしてゼロ化をすることの大切さが分かります。

正中《せいちゅう》のチェック

❶相手とは違う方向に礼をします。

❷立ち腕相撲でチェックをします。弱くなります。（ＮＧ例）

❸次に相手の身体の中心（正中）に向かって礼をします。

❹同じく立ち腕相撲でチェックをします。ゼロ化のエネルギーが相手に伝わり強くなります。

なぜ日本人は茶碗でご飯を食べるのか

七つの秘伝の解説は以上になります。侍の礼法をするときに七つの秘伝を用いることはもちろんですが、日常生活においても活用できます。

仕事中や道を歩いているときでも、七つの秘伝を意識して姿勢を整えることで自身のゼロ化が進みます。ちょっとしたことでストレスを感じ、心が乱れたときも同様です。姿勢を整え、そして深く呼吸をするだけでもゼロ化していきます。簡単ですし、すぐに効果がありますので、使わない日がないくらいです。

ところで、なぜ日本人は茶碗を持ってご飯を食べるのかご存じでしょうか？　親や祖父母に「犬食いをするな」と躾けられた人も多いでしょう。

その文化は、侍たちが創ったと言われています。茶碗を手に持ち、お箸でご飯を食べることで、食事のときでも頸椎が曲がらないようにしたのです。それほど頸椎が曲がることを嫌っていたということです。私たち現代人は食事の他にも、スマホを見るときの頸椎の角度に気をつけた方がいいかもしれません。特に電車に乗ったときに気になるのですが、スマホを見ている人たちの頸椎はかなり曲がっています。

頸椎が少しでもずれていると心身の状態が乱れます。うつ気味の人や落ち込んでいる人の姿勢を思い浮かべてみてください。首がうなだれているはずです。そのようなときには、頸椎の位置を正しい位置に合わせるだけで、ネガティブもポジティブもないゼロ化した状態——穏やかで、たおやかで、しなやかで、健やかな、ごくごく自然な状態になることができます。

侍の礼法、そして七つの秘伝は何か特別なときだけにやるものではありません。日常イコール、武学です。是非、日頃から侍の礼法・七つの秘伝を意識して習慣化するように心がけてみてください。

本章では文章と写真での解説でしたので、難しく感じたかもしれません。自転車の乗り方を、文章と写真で伝えたようなものだからです。しかし、リアルの場で教われば、小学生から高齢者まで誰にでもすぐにできるシンプルさです。

対人チェックをする相手がいないという人は、全国で開催されているワークショップや自主練習会へ参加してみてください。実際に体験することで、あなたがこの世に生まれてから数十年、ずっと眠らせたままだった身体の叡智に驚くはずです。

第六章

志を体現する

なぜ目標は達成されないのか？

SSM（サムライ・セルフ・マネジメント）の3軸のうち、「志」「礼」についてはは解説しました。本章では、あなたの志をこの世界で体現していくための「行動」についてお伝えしていきます。

人生の目的である志。しかしながら「志」のままでは、何をどのようにすれば志の成就に向かうのかが不明確です。そこで、志の成就に向かうための目標設定をし、そしてその目標達成に必要な「行動」を明確にしていきます。

つまり、志**↓**目標**↓**行動と、抽象を具体に落とし込む作業をしていきます。

もし設定した目標のすべてを達成できるのであれば、思い通りの人生を歩めるはずです。しかし多くの人は、目標が達成されないという問題を抱えています。

なぜ目標は達成されないのか？　その理由はいくつか考えられます。

・目的（志）を明確にせずに目標設定をしている。
・目標に期日や数値が入っていない。
・目標達成を阻む、問題や障害を明確にしていない。
・自分1人で目標達成や行動管理をしようとしている。

目標達成力を「能力」だという人もいますが、能力では習得した人しか使いこなせません。ですので、誰にでも活用できる「仕組み（システム）」であることが重要です。前章では誰にでも実践できる七つの秘伝をお伝えしましたが、それと同じように、本章では誰にでも使いこなせる目標達成のための「仕組み」を紹介していきます。

この仕組みの基になっているのは、フォーチュン500企業の約8割が採用している会議法・マネジメント術です。ですが、それらにはいくつかの問題点がありました。

その中でも大きな問題点は「志」がないことです。人生最大の目的である志をなくして目標設定をしてしまうと、ノルマに追われるだけの営業マンのようになってしまい、やがて疲弊してしまいます。また「礼」の概念もありませんでした。礼をなくして行動をすれば、他者とのぶつかりが生じますし、協力者を得ることもできません。よって、目標は達成しにくくなります。

SSMの3軸「志」「礼」「行動」はそれぞれが独立しているものではありません。この3軸が互いにリンクすることで、その効果が相乗的に発揮されます。その点を踏まえた上で、本章で紹介していくワークに取り組んでいただけたら幸いです。

「夏までに痩せる」は目標ではない

ここで簡単に「目的と目標」についての復習と予習をしておきましょう。

目的は「追求するもの」で終わりがないものです。

目標は「達成するもの」です。目的（志）を追求していくプロセスのマイルストーンとして設定します。従って、一つの目的に対して目標は複数になります。

目標設定をする上で必要な要素は「期日」「行動」「効果測定値」の三つです。

たとえば「夏までに痩せる」というのは願望であって目標ではありません。「痩せる」という「行動」は明確ですが、「期日」「効果測定値」が不明確だからです。

・**「夏までに」とは、何年何月何日までのことなのか？（期日）**
・**「痩せる」とは体重を何kg減らすことなのか？（効果測定値）**

これらが不明確では、具体的に毎日どのような取り組みをするのかを決めることができません。

また、達成できたかどうかの検証も不可能です。

もし「夏までに痩せる」を目標化するのであれば

次のように「期日」「行動」「効果測定値」を明確にします。

〇〇年6月30日までに痩せます。
効果測定値は、現在の体重60kgが50kgに減っていることです。

不明確になりがちなのが「効果測定値」です。効果測定値は数値化することがベストですが、場合によっては数値化できないケースもあります。その場合は客観的に「達成できましたね」と判断できる基準を設けます。

たとえば「英語を習得する」という行動であれば、どのくらいのレベルで英語を習得するのか？　その効果測定値を明確にする必要があります。

「TOEICで900点以上を取る」というように数値化が可能であれば問題ありません。また数値化ができなくても「英検1級に合格する」という設定であれば、達成の可否が一目瞭然ですので効果測定値として機能します。

しかし「英会話が困らないレベルになる」という効果測定値では見直しが必要です。「英会話に困らないレベル」では判断基準が曖昧だからです。なぜ、英会話が必要なのか？　自分の目的に沿った習得レベルを明確にし、客観的に「達成できましたね」と判断ができる効果測定値を設定する必要があります。

また、目標は5種類あります。

❶最終目標（ラストゴール）：100年後＝志・理念

❷長期目標（ビッグゴール）：10年後

❸戦略目標（ストラテジーゴール）：1年後

❹戦術目標（タクティカルゴール）：3ヵ月後

❺行動目標（アクションゴール）：今日から1ヵ月後

一番大きな目標である、❶最終目標（ラストゴール）は100年後の目標ですので、目的（志）と同じ意味を持ちます。体現に向けて一生挑戦し続けるものだからです。

10年後の目標である、❷長期目標（ビッグゴール）はSSMでは設定しません。なぜなら、現代は環境変化が激しく、10年後には今とはまったく違う環境になっている可能性が高いからです。

SSMでは志から逆算し、❸戦略目標（1年後）❹戦術目標（3ヵ月後）❺行動目標（今日から1ヵ月後）、この三つの目標を順に設定していきます。

志からの目標設定

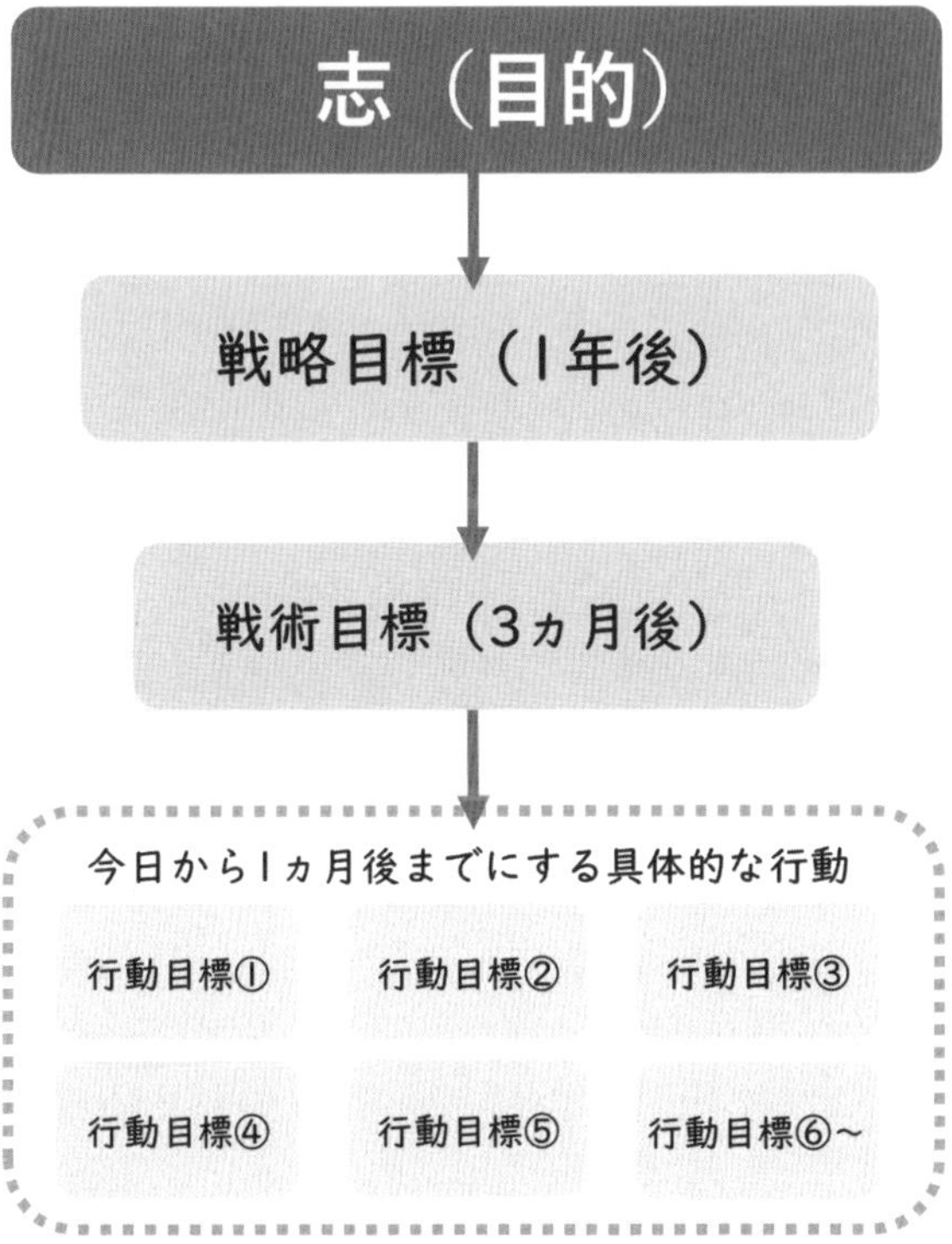

戦略目標・戦術目標の設定は一つだけ。
行動目標の設定は複数になる。
※戦術目標を達成するための具体的な行動になるため。

戦略目標（1年後）を設定する

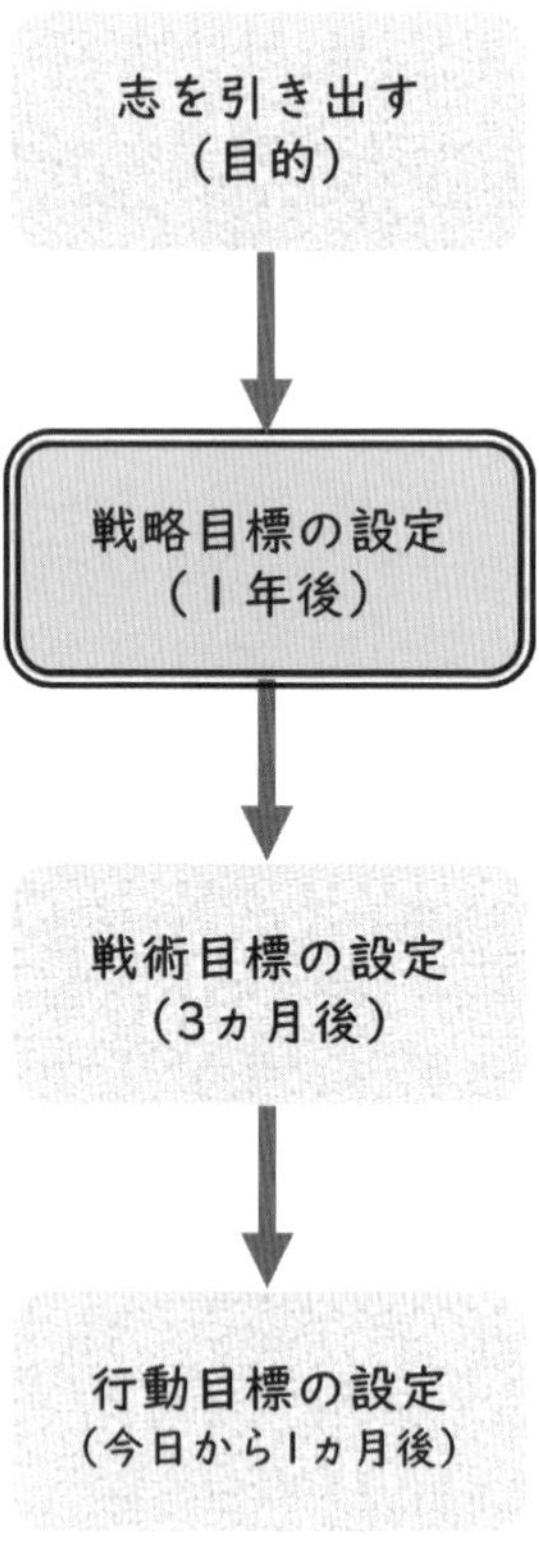

まずは1年後の目標である「戦略目標」の設定から始めていきましょう。

戦略目標は、あなたが立てた志の成就に近づくために、1年後に何をどれだけ達成するのかを基準に考えます。先ほど解説をしたように「期日」「行動」「効果測定値」を明確にして目標を設定します。作成する戦略目標は一つだけです。

❶期日の設定

SSMでは、期日を一律に決めて行います。戦略目標の期日は「1年後の月末」を期日とします。

（例）今日が4月15日であれば、来年の4月30日を期日にします。

❷行動と効果測定値の設定

期日は1年後の月末です。それまでに「何を（行動）」「どれくらい（効果測定値）」達成すれば、志の成就に近づくのでしょうか？

ここでのポイントは、第一章で解説した「バック・キャスティング」で考えることです。つまり、「最高な理想の1年後」を想定して、行動と効果測定値を設定します。

現段階では「今の自分の能力では無理だ」「まだ準備が整っていない」「達成するための方法が分からない」などと考える必要はありません。それらの問題を解消するためのワークをこの後に用意してありますので、バック・キャスティングで思い切った目標を設定してみてください。

長年、チャレンジしようと思いながらも行動に移せていないことや、「生きているうちにできたらいいなぁ……」とぼんやり考えていたことなどを、この機会に設定するのもいいでしょう。

（例①）
【行動】武学の練習会コミュニティーを作る。
【効果測定値】１００人のコミュニティー参加者を集める。
（例②）
【行動】一般社団法人を立ち上げる。
【効果測定値】クラウドファンディングで３００万円集める。

〈例③〉

【行動】音楽教室の生徒数を増やす。

【効果測定値】新規100人、増加する。

❸効果測定値のぶっ飛び化

従来のあり方・やり方を起点にすると、どうしても過去の体験や従来の考え方ややり方から抜け切れず、従来の延長線で考えてしまいがちになります。そのような自分の枠を破壊するために、ここでは、「おかしくなったのではないか？」と思うレベルで、効果測定値を強制的に変更します。

現在、設定済みの効果測定値を「10倍」にしてみてください。

※場合によっては10倍にすることが目標にそぐわないケースもあります。「クラウドファンディングで300万円集める」「TOEICで900点以上を取る」というようなケースです。その場合はその限りではありません。

❶❷❸の設定が終わりましたら、戦略目標として一文化しておきましょう。

戦略目標のフォーマットは次のようになります。

戦略目標
○○年○月○日までに（期日……1年後の月末）
○○をします。（行動）
効果測定値は、○○○○です。


（例）○○年○月○日までに、武学の練習会コミュニティーを作ります。

効果測定値は1000人の参加者が集まっていることです。

効果測定値に関する補足

効果測定値の設定に困るケースがあります。

それは「コミュニケーション能力を上げる」「社内の雰囲気を良くする」というような数値化できない行動を目標にした場合です。

何を以って、コミュニケーション能力が上がったと言えるのか？

何を以って、社内の雰囲気が良くなったと言えるのか？

その判断基準は感覚的なことになってしまうので、効果測定値としてはふさわしくありません。この場合には、「なぜ？」という質問を用いて、その行動で「何を達成したいのか？」を深掘りして取り出す必要があります。

「なぜ、コミュニケーション能力を上げたいのか？」

↓起業を考えているが、そのために人脈を広げ、協力者や相談者、自分の顧客になってくれそうな人を今のうちに見つけたいから。


このような理由であれば、たとえば次のような行動と効果測定値が考えられます。


（例①）

【行動】起業する。

【効果測定値】見込み客リストを○○人集める。


（例②）

【行動】ＳＮＳの友達やフォロワー数を増やす。

【効果測定値】○○人に増やす。


「なぜ、社内の雰囲気を良くしたいのか？」

↓社内の雰囲気や労働環境が悪くて離職率が高い。なので社内の雰囲気を良くして社員に気持ち良く働ける環境を提供したい。


このような理由であれば、次のような行動と効果測定値が考えられます。


（例）

【行動】離職率を下げる。

【効果測定値】年間の離職率15％を5％に抑える。

目標を達成するための方法や手段は、この後の行動目標の設定時に行いますので、今は考えなくても構いません。

ここではあくまでマイルストーンとなる戦略目標を設定することが目的です。

先ほどお伝えしたように、客観的に「達成できましたね」と判断できる効果測定値を設定しなければ目標として機能しません。この戦略目標の設定が曖昧になると、この後に設定する戦術目標・行動目標も曖昧になります。よって、何も達成できないことになってしまいます。とにかくこのパートでは、戦略目標を明確化することに注力します。

1年後にどうなっていれば、志の成就に近づくのか？

効果測定値が感覚的なことになってしまう場合には「行動」そのものを見直す必要があるかもしれません。フォーマットにうまく当てはまるように、「行動」「効果測定値」を考えてみてください。

戦術目標（3ヵ月後）を設定する

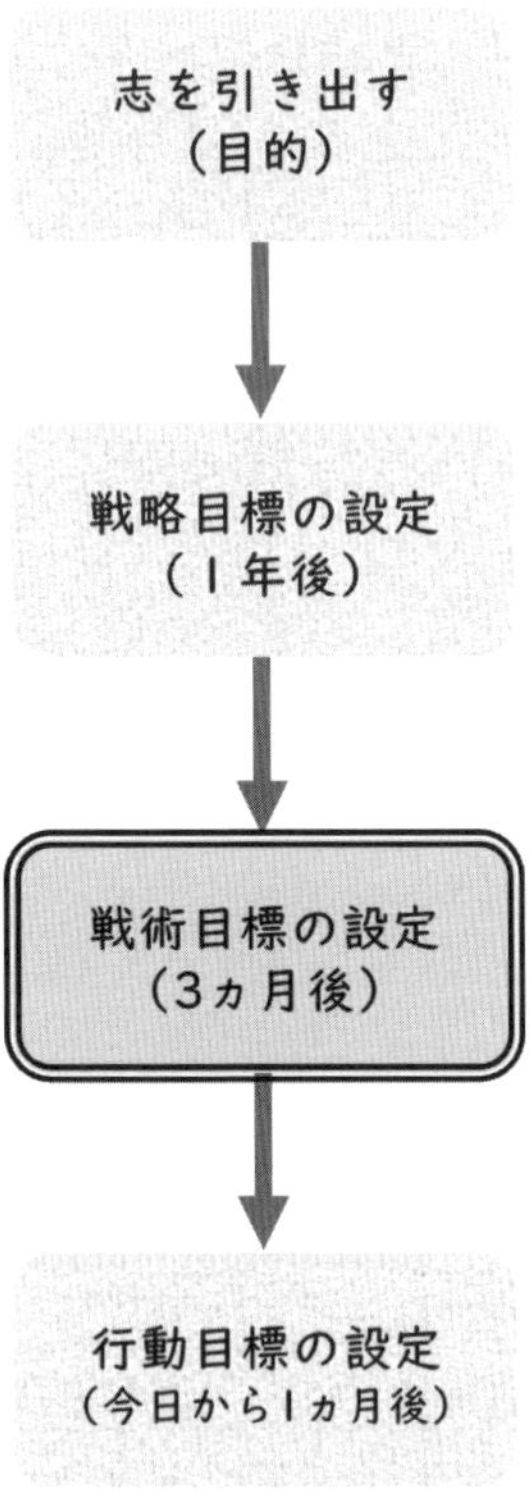

次に戦略目標（1年後）を達成するために、3ヵ月後に達成するべき目標を設定します。それが戦術目標です。作成する戦術目標は一つだけです。フォーマットは「期日＋効果測定値」のみとなります。期日は今から3ヵ月後の月末に設定します。

効果測定値は先ほど作成した戦略目標（1年後）の数値から考え、今から3ヵ月後に達成しておきたい数値を設定します。

戦術目標のフォーマットは次のようになります。

戦術目標
○○年○月○日までに（期日……3ヵ月後の月末）
○○を達成します。（効果測定値）

先ほどの戦略目標（1年後）で挙げた例の一つでは
【行動】武学の練習会コミュニティーを作る。

【効果測定値】1000人のコミュニティー参加者を集める。

という設定をしました。

これを元に戦術目標（3ヵ月後）を設定すると、このようになります。

「○年○月○日までに、コミュニティー参加者300人を達成します」

戦術目標（3ヵ月後）はあまり難しく考えずに、戦略目標（1年後）の効果測定値をスケールダウンして設定してみてください。

行動目標（今日から1ヵ月後）を設定する

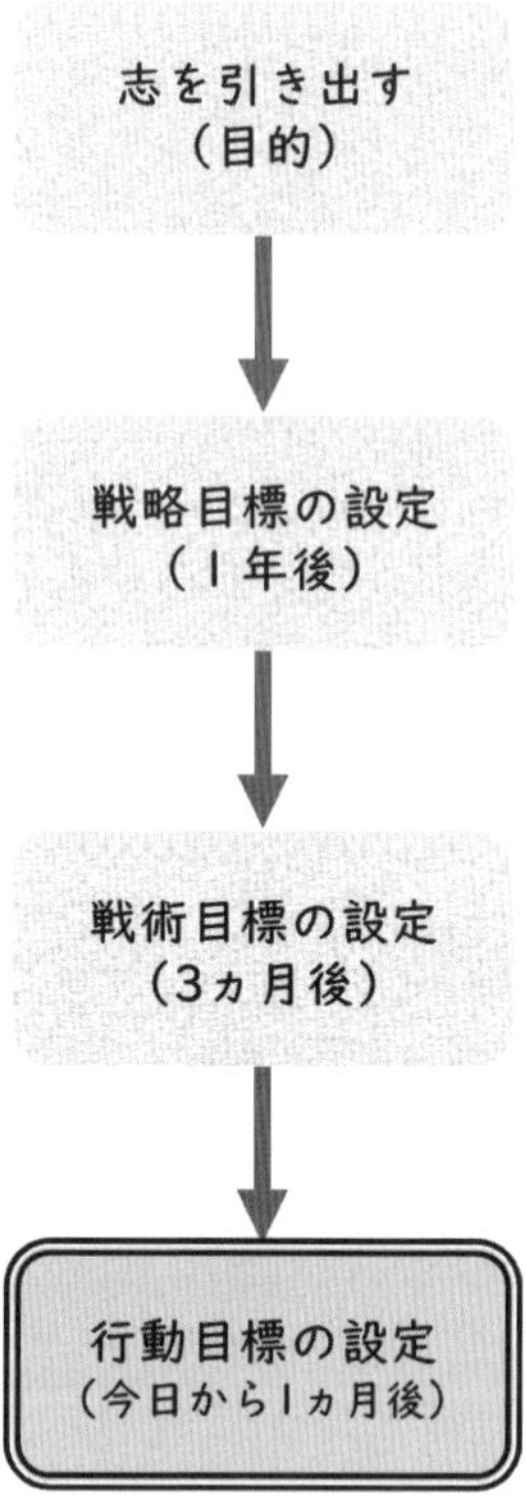

戦術目標（3ヵ月後）を達成するために、何をすればいいのか？

このパートでは、そのための具体的な行動を目標化していきます。それが行動目標です。「具体的な行動」ですので、行動目標は複数設定することになります。

これまで作成してきた戦略目標（1年後）・戦術目標（3ヵ月後）とは、作成の手順が大きく異なりますので、先に概要からお伝えしておきます。

たとえば戦術目標（3ヵ月後）が「イタリアに旅行に行くこと」だとしましょう。

それを達成するにあたり、問題や障害になっていることを細かく洗い出し、そしてその解決策を具体的な行動に落とし込んでいきます。

具体的な行動とは次のようなイメージです。

「パスポートを取得する」「ガイドブックを購入する」「日程を決める」「費用を把握する」「航空券を予約する」「成田空港までの行き方を確認する」「宿泊するホテルを決めて予約する」「イタリアの空港からホテルまでの行き方を確認する」「現地で使えるＷｉ－Ｆｉを手配する」「交通機関の乗り方を調べておく」「イタリアの治安について調べる」「必要な持ち物を確認する」などなど……。

このようなイメージで、戦術目標（３ヵ月後）を達成するための具体的な行動をすべて明確にします。「すべて明確にする」ことが大きなポイントです。そしてそれらの行動に「期日」「効果測定値」を付け加えて目標化します。その目標を一つ残らずクリアすれば、おのずと戦術目標（３ヵ月後）が達成されるというわけです。概要についてはお伝えしたので、行動目標の作成について詳しく解説していきましょう。手順は次の三つです。

❶戦術目標（３ヵ月後）を達成するための「問題・障害」の洗い出し
❷卓越変換と解決策の提示
❸解決策の行動目標化

やみくもに目標に向かっていっては、どこかに穴がありつまずくことになります。

はじめのうちは手間に思うかもしれませんが、１００％確実に戦術目標（３ヵ月後）を達成するためには、必ずこの三つの手順を順番に踏んでいくことが必要になります。

理想ではなく「問題・障害」にフォーカスする

多くの人が目標を設定すると、その理想の未来に向かっていきなり行動をしてしまいます。それが目標を達成できない大きな原因です。

実は理想の未来を追っていては、その理想の未来を手にすることはできません。

武学では闇から光を見るという発想をします。フォーカスするのは理想ではなく、理想の実現を阻んでいる闇――つまり「問題・障害」の方です。その「問題・障害」のすべてを明確にし、そして解決をしていけば、おのずと理想は実現されます。つまり、問題を「問題」として捉えていないことが、最大の問題なのです。

そこで3ヵ月後の戦術目標を達成するために、まずは現時点で考えられる問題や障害のすべてを洗い出していきます。

付箋（約75×75㎜）を用意します。

第三章で紹介したファーストチェス（93ページ）を思い出してスピードを意識しながら、考えつく限りの問題や障害をどんどん書き出していきます。「1枚の付箋につき1項目」で書き出します。

(例) 問題・障害の洗い出し

戦術目標「○年○月○日までに、(武学の練習会) コミュニティー参加者300人を達成する」

を達成する上での、問題や障害は？

・コミュニティーの運営方法が決まっていない。
・協力者がいない。
・参加者の集め方が分からない。
・練習会の開催場所が決まっていない。
・コミュニティーへの参加条件やルールが決まっていない。
・練習会の開催日時も決まっていない。
・そもそも参加者が集まらなかった場合、どうすればいい？

はじめから整理をする必要はありません。このような形で思いつくまま直感で付箋にどんどん書き出していきます。

洗いざらい問題や障害を出すのが目的です。考えられる限りの問題や障害を出し切ります。

「何かがまだ足りていないな……」と感じるのであれば、出せていない問題や障害がある可能性が高いです。さらに考えて書き出していきます。

・自分1人では途中で投げ出す可能性がある。
・300人集めるなんて自分だけでは無理。
・練習会で何をすればいいのか分からない。
・いつコミュニティー立ち上げの作業をするのか決めていない。

・勝手に武学の名称を使って参加者を集めていいのか不明。

このように少しでも気になる点があれば、追加で付箋に書き出していきます。出し切ったと感じたならば、今度は整理をしていきます。

できるだけ似た問題や障害は、ひとまとめになるように整理して白紙やノートに貼りつけます。この作業の中で、似た問題や障害を一つにまとめられる場合には統合し、新しい付箋に書き出します。そして統合する前の付箋は除外します。

問題・障害を付箋に書き出す

【例】戦術目標（３ヵ月後）
「３００人の武学練習会コミュニティー参加者を集める」
この目標を達成する上での「問題や障害」を付箋に書き出す。

コミュニティーの運営方法が決まっていない

協力者がいない

参加者の集め方が分からない

練習会の開催場所が決まっていない

コミュニティーへの参加条件やルールが決まっていない

練習会の開催日時も決まっていない

そもそも参加者が集まらなかった場合、どうすればいい？

自分１人では途中で投げ出す可能性がある

３００人集めるなんて自分だけでは無理

練習会で何をすればいいのか、分からない

いつコミュニティー立ち上げの作業をするのか決めていない

勝手に武学の名称を使って参加者を集めていいのか不明

卓越変換と解決策の提示

問題や障害の書き出しが終わったら、それを「卓越変換」していきます。

卓越変換とは「どのようにすれば『問題や障害』は解決するのだろうか？」という質問形に変換することです。

どのようにすれば？　という質問形にすることで、解決策が出てきやすくなります。「質問を投げかけると、脳は自動的に答えを考える」という性質を利用するわけです。この卓越変換は解決策を導き出すための重要なポイントとなります。書くのが手間だから「頭の中で変換して終わり」ではなく、実際に付箋に書き出すことが大切です。

(例)　卓越変換

「コミュニティーの運営方法が決まっていない」

↓どのようにすれば、コミュニティーの運営方法が決まるだろうか？

「協力者がいない」

↓どのようにすれば、協力者が見つかるだろうか？

「参加者の集め方が分からない」

↓どのようにすれば、参加者を集めることができるだろうか？


「練習会の開催場所が決まっていない」

↓どのようにすれば、練習会の開催場所を決められるだろうか？


このような形で変換し、一つの項目につき1枚の付箋に書き出していきます。

卓越変換がすべて完了したら、次は「解決策の提示」をします。

一つの項目につき一つの解決策とは限りません。思いつく限りの解決策を付箋に書き出していきます。

(例) 解決策の提示

「どのようにすれば、コミュニティーの運営方法が決まるだろうか？」

↓似たようなコミュニティーをネットで探して、どのように運営しているのかを調べる。

↓フェイスブックでグループを立ち上げて、まずはそこに参加者を集める。


「どのようにすれば、協力者が見つかるだろうか？」

↓武学仲間のヤスノさん、カトウさん、タナカさんに声を掛ける。

「どのようにすれば、参加者を集めることができるだろうか？」

↓身近な仲間全員にコミュニティーの告知をする。

↓フェイスブックでつながっている武学仲間にも個別で告知をする。

↓自分のフェイスブックのタイムラインでも一般向けに定期的に告知をする。

↓似たようなコミュニティーでは、どのように集客しているのかをリサーチする。

「どのようにすれば、練習会の開催場所を決められるだろうか？」

↓ネットで公民館などを調べてみる。

このような形で卓越変換をしたすべてに、解決策を提示していきます。

もし解決策が分からない場合は、「ネットで調べる」「詳しそうな人に相談してみる」という解決策でも構いません。特に現代はネットで全世界の情報にアクセスできる時代です。ほぼ100％と言っていいほど、解決策が見つかるはずです。その見つけた解決策を、新たに付箋に書き出せばいいのです。

また他力を頼ることも大切です。特に戦略目標で「ぶっ飛び化」を行った場合には、もはや自分1人では達成できない効果測定値になっているはずです。相手に自分の志と達成したい目標を伝えた上で、仲間や協力者を募ることも視野に入れましょう。

解決策の提示ができたら、書き出したすべての解決策を見直して、整理統合を行います。次の2点をチェックします。

・解決策に似たものはないか?

・もしくは統合できるものはないか?

もし解決策を統合した場合には、新たに付箋に書き出しておきます。統合前の付箋は除外します。

解決策を行動目標化する

ここまでのワーク「問題・障害の洗い出し」「卓越変換と解決策の提示」が完了したところで、いよいよ最後の「解決策の行動目標化」を行なっていきます。

ここで作成した行動目標が、3ヵ月後の戦術目標の達成、ひいては志の成就に近づくための行動・ベイビーステップになります。

今、手元には解決策を書き出した付箋が複数枚あるはずです。

その解決策のすべてを目標のフォーマットである「期日」「行動」「効果測定値」に当てはめて、行動目標化していきます。解決策には優先順位があるはずなので、それも考慮しながら期日を設定していきましょう。

行動目標も付箋に書き出しておくと、この後の作業で管理がしやすくなります。

（例）行動目標化

○年○月○日までに
似たようなコミュニティーをネットで探し運営方法をリサーチします。
効果測定値はリサーチして気づいた点をメモしておくことです。

○年○月○日までに
武学練習会のフェイスブック・グループを作成します。
効果測定値はグループに1記事アップされていることです。

○年○月○日までに
ヤスノさん、カトウさん、タナカさんに協力をお願いします。
効果測定値は3名からOKのお返事をいただくことです。

○年○月○日までに
武学仲間に練習会コミュニティーを作ったことをお知らせします。

効果測定値は20名の人がフェイスブック・グループに参加していることです。


行動目標化が完了したところで次の質問を自分自身に投げかけ、確認をします。

「書き出したすべての行動目標を達成すると、戦術目標は達成できると感じますか？」

もし「達成できないかもしれない……」と感じた場合には、次のことが原因ですので、見直してみましょう。

・問題や障害の洗い出しが足りない。
・目標の設定（期日・行動・効果測定値）が違う。
・自分１人で行動しようとしている（仲間や協力者を探していない）。

○年○月○日までに
似たようなコミュニティーをネットで探し運営方法をリサーチします。
効果測定値はリサーチして気づいた点をメモしておくことです。

○年○月○日までに
武学仲間に練習会コミュニティーを作ったことをお知らせします。
効果測定値は20名の人がFacebookグループに参加していることです。

○年○月○日までに
武学練習会のFacebookグループを作成します。
効果測定値はグループに1記事アップされていることです。

○年○月○日までに
自分個人のFacebookのタイムラインで練習会グループを告知することです。
効果測定値は告知がアップされていることです。

○年○月○日までに
ヤスノさん、カトウさん、タナカさんに協力をお願いします。
効果測定値は3名からOKのお返事をいただくことです。

○年○月○日までに
練習会会場の候補となる場所をネットで探します。
効果測定値は候補となる会場が三つ見つかっていることです。

きちんと最後まで丁寧に誠実にやり遂げる

この世界に成功法則があるとするならば「きちんと最後まで丁寧に誠実にやり遂げる」これに尽きると私は考えています。行動目標は作成して終わりではありません。作成した目標に基づいて「きちんと最後まで丁寧に誠実にやり遂げる」ことが大切です。

設定した目標をどのようにして、きちんと最後までやり遂げるのか？

三日坊主にならないためには、どのように管理をすればいいのか？

次の点について、あなた自身の管理ルールや目標のメンテナンスについて確認しましょう。

❶どこで、どれくらいの頻度で検証しますか？

たとえば「毎週日曜日に行動目標のチェックを行う」など決まった曜日に、今週の振り返りや、来週することの確認などをする日を設けます。

❷サポートが必要な場合は、どんなサポートがあれば検証でき、行動が加速化しますか？

自己管理に1％でも不安のある人は「友人に週1回コーチングを頼む」「友人とお互いの行動目標を管理し合う」など、他者の力を借りましょう。

SSMを実践している、とあるグループでは毎週月曜の朝6時からオンライン会議システム

No.	行動	効果測定値	期日	状況・成果
1			/	
2			/	
3			/	
4			/	
5			/	
6			/	
7			/	

（例）タスクチャート

のZoomを活用して朝活をしています。

目指している目標は違えども、他者や仲間と目標を管理し合い、そして励まし合うことで、目標の達成率は大きく変わります。

❸必要に応じて「タスクチャート」を作成する

特に決まったフォーマットはありませんが、作成した行動目標の一覧があると便利です。

チームで行動目標を設定し、共有する場合にはタスクチャートが必要ですが、個人だけで行う場合には付箋のままでも機能します。作成する場合には、自分の使いやすいようにすることが大切です。

❹行動目標が達成しない場合の原因

仮に行動目標が達成できなかったとしても、それは失敗ではありません。ましてや「自分はだらしない人間だ……」と落ち込む必要もありません。失敗があるとするならば、達成できなかった目標を検証せずに放置してしまうことが最大の失敗です。

そこで「何が機能しなかったのか？」を検証します。

行動目標のフォーマットに着目します。

・期日が違う。
・行動が違う。
・効果測定値が違う。
・サポートしてもらう人が違う。

これらを確認して行動目標を修正します。

❺新しい問題や障害が発生したら

行動を継続していけば、必ず新しい問題や障害が発生します。また、思うように行動が先に進まないこともあるでしょう。

そのようなときには付箋を用意して、今感じている問題や障害を書き出し、「卓越変換」↓「解決策の提示」↓「行動目標化」で、新たな行動目標を設定します。

問題や障害が出てくると、ときには落ち込むこともあるかもしれません。ですが、理想があるからこそ問題や障害が出てきます。理想と問題は表裏一体であることを思い出し、卓越変換「どのようにすれば○○は解決するのだろうか？」から、始めてみましょう。

❻戦術目標（3ヵ月後）の期日が近づいてきたら？

戦術目標の期限が近づいてくると行動目標の数が減りますので、次の新たな戦術目標を設定します。

❼「何が機能したか？」も併せて検証する

「何が機能しなかったのか？」を検証することも大切ですが、行動目標が完了したら「何が機能したのか？」も検証します。自分にとってうまくいく要素を理解することで、ほかのことにも応用可能な「あなたにとっての機能する方法」になります。

「なぜうまくいったのか？」「その要素は何か？」「どのようにすれば、もっとうまくいくのか？」これらをくり返すことで「あなたの機能する方法」も昇華していきます。

問題を「問題」だと認識していないことが問題

ここまで、目標達成の仕組みとその方法について、お伝えしてきました。

リアルのワークショップとは違い、テキストベースの解説では少々難しく感じたところもあったでしょう。ですので、ここでポイントとなる部分について補足しておきます。そのポイントとは「問題・障害の洗い出し」と「卓越変換」です。

この二つは、目標達成をしていく上でも重要ですが、逆境に負けずに自ら人生を切り開いていくためにも役に立ちます。仕事や教育、日常生活においても活用できる方法なので、本章の最後に再度、紹介をしておきます。

■問題・障害の洗い出し

「目標達成をしていく上で、問題や障害になっていることを洗い出す」

このことは、すでにお伝えしたとおりです。

私は経営コンサルもしてきましたが、大企業の社長でもこのことを理解している人は少ないです。多くの人が問題や障害を出し切る前に、考えるのをやめてしまいます。そして、自分のやりたいように理想を追い求めて行動を始めてしまいます。

一番の問題は、問題を「問題」だと認識できていないことです。

理想の姿である目標を設定したのであれば、フォーカスするのは「理想や目標」ではありません。多くの人が逆に考えています。フォーカスするべきは「問題や障害」です。その問題や障害の中にこそ、目標達成のための答えがあります。

「問題をしっかりと観る力」こそが理想の未来を実現するために必要です。

日常生活においても「どうも物事がうまくいってない」と感じたときには、付箋を用意して、

「今、何が問題なのか」を書き出してみてください。そこに現状から抜け出すための答えが眠っています。

■卓越変換

「問題や障害の中にこそ答えがある」

その答えを引き出すための魔法の言葉が「どのようにすれば？」です。

「どのようにすれば『問題・障害』は解決するだろうか？」と質問に変換することで、その解決策を引き出しやすくなります。

ここで絶対にやってはいけない質問が「なぜ？」です。

たとえば「会社のルールが厳しくて、自分のやりたい企画ができない」という問題があったとします。

「なぜ、会社のルールが厳しいのだろうか？」

「なぜ、自分のやりたい企画ができないのだろうか？」

このように考えてしまうと、ネガティブな方向へと引っ張られてしまいます。よって、行動変容が起こりません。

「どのようにすれば、自分のやりたい企画ができるのだろうか？」

このように卓越変換をするだけで、問題解決に向けての行動変容が起きやすくなります。

仮に「なぜ?」という質問を使うのであれば、最低5回は「なぜ?」をくり返す必要があります。いわゆる、「トヨタ式改善」です。この方法も有効ではありますが、時間がかかりますし、精神的にきつくなる場合があります。また対人関係全般においても「なぜ?」「どうして?」などの言葉は注意が必要です。特に子どもの教育や、部下を指導する立場にある人は気をつけた方がいいでしょう。

「なぜ、遅刻した?」

「なぜ、こんな仕事もできないんだ?」

「なぜ、いつも忘れ物をするの?」

「なぜ、こんな問題も解けないの?」

このように、自分にそのつもりがなくても、相手を非難し否定する意味を持ってしまいます。

メンタルの弱い人であれば、心が傷つき萎縮してしまうでしょう。

そこで質問を「どのようにすれば?」に変えてみます。

「どのようにすれば、遅刻をしないようになるのか?」

「どのようにすれば、この仕事をできるようになるのか?」

「どのようにすれば、忘れ物をしないようになるのか?」

「どのようにすれば、この問題を解けるようになるのか?」

質問の仕方の違いで、その後に得られる成果が大きく変わることを感じられたと思います。

逆境に負けずに自ら人生を切り開くシステム

この「問題・障害の洗い出し」と「卓越変換」はとてもシンプルですが「万能」です。問題さえ認識できれば「どのようにすれば？」の卓越変換で、解決策をその人本人から引き出すことができます。ということは、実は問題の解決策は自分自身が知っているということです。

子どもの教育・部下の指導にも使えます。こちらが何も教えなくても、指示をしなくても、主体的に自分で考えて、自分で問題解決に向けて行動できる「主体的な人間」に育てることができます。また、専門知識がなくてもコーチングやコンサルティング、治療のアドバイスなどにも使えます。

たとえば、私が経営コンサルをすることで年商1億円だった会社が、半年で倍の2億円になったことがあります。私自身、ほとんど経営の勉強をしたことがありませんので、経営の知識はゼロに等しいです。

そんな私がどのようにコンサルをしたのか？

「社長、今どんな問題がありますか？」

「では、どのようにすればその問題は解決しますか？」

この二つの質問をくり返しただけです。

人生には必ず問題が起こります。そしてその問題を解決するために行動をします。人生そのものが問題と解決の連続だといっても過言ではないでしょう。

私自身、三畳二間の風呂もトイレもない家に生まれ育ち、そして差別を経験し問題ばかりの人生だったと言えます。現実社会を悪だと思い、ずっと敵視しながら生きていました。それと言うのも、この現実を自分の力で変えていくことができないと思い込んでいたからです。

しかし武学と出会い、世界トップクラスの人物から学ぶなかで、実は問題の解決策は自分自身が知っていることに気づくことができました。

その問題を主体的に解決するためのエッセンスが「問題・障害の洗い出し」と「卓越変換」にあります。

今あなたは、どんな問題を抱えているでしょうか？

もし問題があるとすれば、解決策はあなた自身が知っています。

どのようにすれば、あなたのその問題は解決しますか？

付箋を用意してワークに取り組んでみてください。

「なぜ？」と「どのようにすれば？」

効果的な質問は、自分や相手の行動を促しますが、質問の仕方によっては非難されていると感じてしまうことがあります。

特に「なぜ？」で始まる質問は、非難されていると感じやすいので、注意して使います。

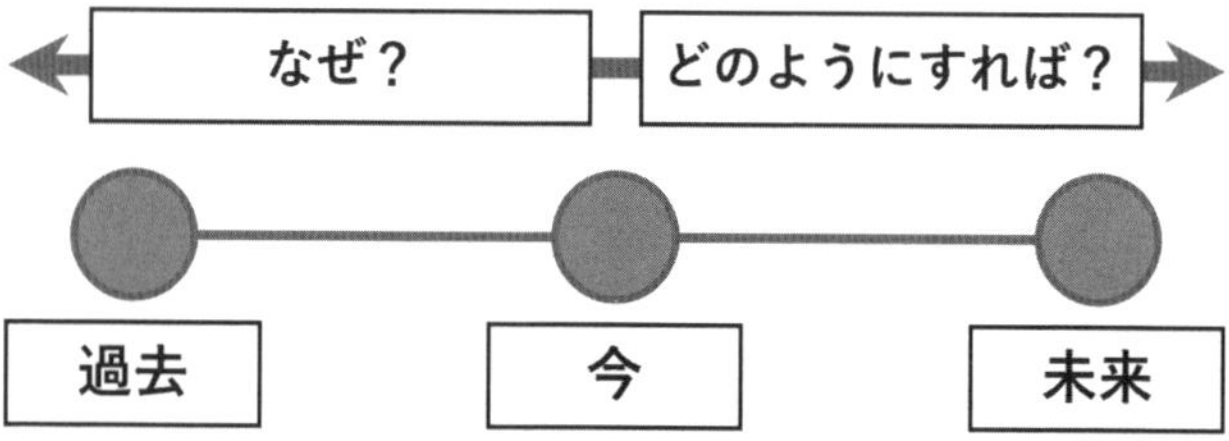

●「なぜ？」は過去や原因にフォーカスが行き、場合によっては否定的になってしまうことがあります。ポジティブな結果を検証する場合には有効です。

●「どのようにすれば？」は未来にフォーカスが行き問題や障害の解決策を引き出しやすくなります。

フォーカスすること	なぜ？	どのようにすれば？
解決策 「どのようにすれば問題は解決するか？」	×	○
検証 「なぜうまくできた？」	○	×

第七章

世界はあなた自身

今、世界で起こっている問題

第七章では「世界とあなた」のつながりについて考えていきます。
まずは次の質問をそれぞれ30秒以内で、直感で答えてみてください。

❶今、世界で起こっている問題は何ですか？　思いつく限り挙げてみてください。

❷世界で起こっている問題を何もせずにそのまま放置すると、どのような状態になりますか？最悪なケースを想定して答えてみてください。

この質問は主に一般の人を対象としたワークショップでしている質問ですが、これまで小学校・中学校・高校、そして海外でも同じ質問をしてきました。

そこで分かったことは「今、世界で起こっている問題」の答えは、小学生でも大人でも、国籍や文化・宗教の違う人でもまったく同じだということです。「戦争」「環境問題」「食糧問題」「貧困・格差」「人種差別」「病気」などが必ず挙がります。

そして「最悪どのような状態になるのか？」に対する答えもほぼ同じです。「人類滅亡」「地球破滅」などの答えが挙がります。

何も教わってないはずの子どもでも、世界で起こっている問題を認識しています。そして、その問題を放置すると、どうなってしまうのかも分かっています。しかしながら、子どもたちでも分かっている問題――人類滅亡や地球の破滅の問題解決に、多くの大人たちは誰も行動を起こそうとしていません。


「世界の問題」についての質問に続き、今度は「理想の世界」についての質問です。同じく直感で答えてみてください。

❸世界で起こっている問題が解決した、理想の世界はどのような状態ですか？

この「理想の世界」に対する質問の答えも、言語表現は人それぞれ異なりますが、子どもから大人、そして海外でもほぼ同じ答えになります。

「争いがなくなり世界が平和になっている」
「自然と人間が共生し、環境汚染のない美しい地球になっている」
「食糧問題や貧困が解決し、全人類が豊かに暮らしている」
「世界中の人々が、笑顔で活き活きと人生を楽しんでいる」

このように理想の世界についても、子どもから大人、そして国籍や文化・宗教の違う人たちでさえも、みんな同じ共通認識を持っています。この「理想の世界」についても、分かっていながら多くの大人たちは誰も行動を起こしていないという現実があります。

では、「世界」の次に、あなた「個人」についての質問をします。

❹あなたの志は何ですか？

❺あなたの志が１００％成就したならば、世界はどのように変わっていますか？

第三章で引き出した、あなたの志はどのようなものだったでしょうか？

ここでは参考として、これまでワークショップに参加された人たちの志を紹介しておきます。

・私の志は、人々の可能性を引き出すことで、誰もが後悔のない人生をまっとうすることができる世界を創造することです。
・私の志は、悩み苦しんでいる人と共に支え合い、楽しく面白い世界を実現することです。
・私の志は、自分を許し、自分を認め、自分の心を解放することで、ご縁のあるすべての人たちの心の解放に貢献することです。
・私の志は、全生命と志でつながり、輝きあふれる面白い世界を後の世に継承することです。
・私の志は、人々が生まれてきた本当の目的と能力を思い出し、その能力を存分に発揮し、皆が幸せになれる地球環境を創造することです。

あなたの志が100％成就した理想の世界はどのような世界でしょうか？

おそらく、先ほどの子どもから大人、海外の人たちが答えた「理想の世界」とほぼ同じではないでしょうか？

ということは、志に生きる「生き方」は世界の問題を解決することになります。

逆もまた然りです。世界の問題が解決に向かうことは、あなたの志の成就に向かうことになります。

つまり、「あなた自身が世界」であり、「世界があなた自身」だということです。

そこで最後の質問です。

❻あなたの志は1人で成就できますか？

世界と個人と組織のリンク付け

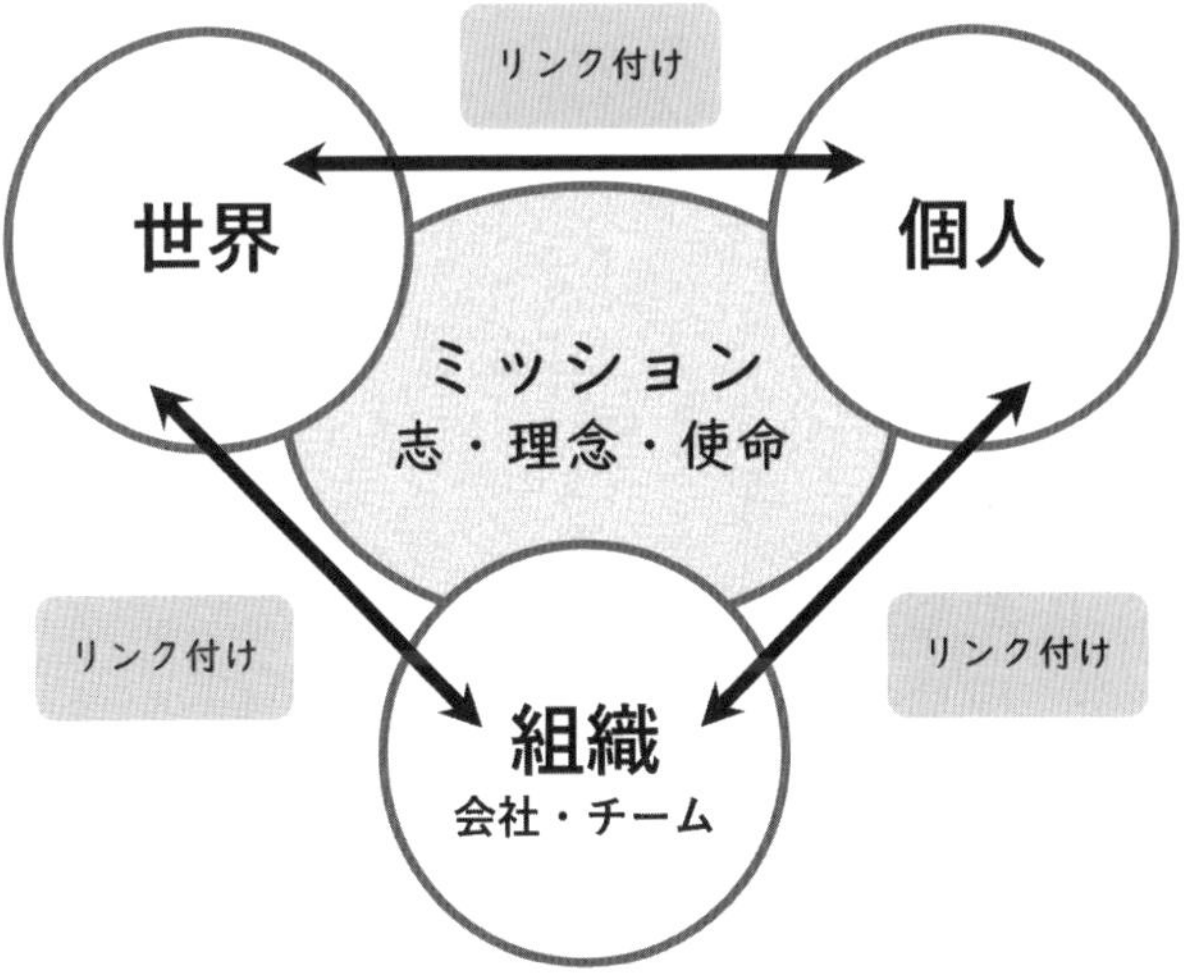

❶今世界で起こっている問題は何ですか？

❷世界で起こっている問題をそのまま放置すると、最悪どのような状態になりますか？

❸世界で起こっている問題を解決した理想の状態はどのような状態ですか？

❹あなた個人の志は何ですか？

❺もし、あなた個人の志が成就したならば、世界の問題はどうなっていますか？　世界は理想の状態に近づいていますか？

❻あなたの志は１人で成就できますか？　成就していくには、どのような組織・チーム・仲間が必要ですか？

志のストーリーを作る

ＳＳＭは個人向けに構築した仕組みではありますが、実は１人では最大の成果を得ることはできません。

本書は書籍という都合上、単独でできるワークも紹介しましたが、ＳＳＭでのワークショップでは参加者の皆さんと「場」を創り、その「場の力」を使って、自身の中から最高の「志」を引き出すワークを行っています。

また自身のあり方を整えるための「礼」も、その正しいチェックは自分１人ではできませんし、志を成就するための「行動」も１人ではできません。ＳＳＭの３軸である「志」「礼」「行動」は１人では絶対にできないということです。

つまり、志を成就していくためには協力者や仲間、チームの存在が必要になります。協力者や仲間は自然に集まったりはしません。ですので、協力者や仲間を集めるために、まずは「あなたの想い」を他者に伝える必要があります。

志はあなたの胸の奥にある崇高な想いを「志」として一文化したものです。想いを忘れないように、いつでも取り出せるように、あなたの想いを言語としてパッケージ化した大切なものです。

その志を一文だけではなく、どのような背景があって、その志を持つようになったのかを伝えることができれば、より他者の心を動かすことができます。そしてその結果、「あなたに協力したい」という仲間を集めることができます。

そこで「あなたの志のストーリー」を作成します。

まずは過去を振り返って、志に関するエピソードを感じます。

「どんな経験・体験から志が出てきているのか?」「どんな想いを込めているのか?」をストーリー形式で書き出していきます。

「人生のどん底からの復活」という、ロー&ハイなストーリーに無理にする必要はありません。大切なのは、「どのようなきっかけで」「何を学び、何を感じ」「どのような想いを抱き、志にしたのか」を素直な気持ちで語ることです。

あなたの中にだけ志があっても、実現力は強くありません。

仲間を巻き込むように、共感者を増やすように、プレゼンする意識で「あなたの志のストーリー」を作成してみましょう。

ここに、ある人の志があります。

私の志は、世界中の子どもたちが輝く世の中を創るため
喜びと愛情あふれるサポートを通して
一人ひとりの魂に無限の灯をともすことです

この志を目にして、あなたはどのように感じたでしょうか？

「素晴らしい志だ」「共感するところがある」と感じた人もいる反面、「なぜこのような志になったのだろうか？」「具体的にこの人は何をしたいのだろうか？」と思う人もいるでしょう。

例として、今紹介した志がどのような背景で生まれたのか？　そのストーリーも紹介しておきます。

ストーリーとして伝えることで、より志が伝わる感覚を感じてみてください。

【例】志のストーリー

1995年に阪神大震災が起こりました。

いてもたってもいられず、震災ボランティアに応募。当時はネットも黎明期であり、情報交換できるのは電話や手紙のアナログ手段。

長野県長野市のボランティアを派遣するための受け入れ先を探すため、現地に下見に行きました。

現地に行って、生まれてはじめての衝撃を受けました。

新幹線高架が落ち、高速道路も倒れ、家が潰れているのを目の当たりにし、「いつ死んでもおかしくない」ということを感じました。

そのときから、真剣に自分の人生について考えるようになりました。

「なぜ自分は生まれてきたのか？」

「何をするために生きているのか？」

考えた結果、「人のサポートをしたい」と思うようになりました。

「人のサポートとは何か？」

直接的に、かつ長い時間サポートすることのできる「宿泊業」にチャレンジすることにしました。やったことなどないのに。

神奈川県の箱根で修業させてもらい、その後、静岡県の熱海の宿泊施設で支配人をさせてもらうまでに必死で学びました。

宿泊業のサービスレベルは、あまり高いものではありませんでした。

「どのようにしたら、スタッフのレベルを上げられ、お客さまが喜ぶサービスができるのか？」

心理学やコーチング、ＮＬＰ、自己啓発のジャンルに関する学びを、忙しい中時間を取ってしていきました。

職場で活かしていく中で、伸びるスタッフとそうではないスタッフがいることが分かりました。

「違いは何か？」非常に簡単なことでした。

「目的を持っているか持っていないか？」です。

そんな時に、映画『マトリックス』に出会うことに。

その中で、登場人物が語ります。

「入り口までは案内するが、扉は君自身で開けろ」

「運命なんて決して信じてはダメ。人生は自分で決めるものよ」

このとき、気づきました。

お客さまももちろんだけれども、関わる人をサポートし持っている力を引き出し、その力に灯をともすのが自分の存在意義なのだと。

代わりに行動することもできなくはありません。

しかし、体験を奪うことになります。

自分の存在意義に気づいたものの、すべての人にできるかどうかは分かりません。

できるかどうかは大切ではなく、するかどうかが大切だとも気づきました。

宿泊業に携わって多くはありませんが、自分の目的に沿って独立開業するスタッフも現れました。

自分のことのようにうれしく思います。

このような体験・経験から、私の存在意義は、「人の喜びが自分の喜び」だけでなく、「人の成功が自分の成功」であるとも感じます。

私の志は、世界中の子どもたちが輝く世の中を創るため

喜びと愛情あふれるサポートを通して
一人ひとりの魂に無限の灯をともすことです

子どもたちとなっていますが、地球規模で見れば、一人ひとりが地球の子どもでもあります。「人の喜びが自分の喜び」だけでなく、「人の成功が自分の成功」として、関わる人の魂に無限の灯をともすため、できることを行動化していきます。

本では伝えられないこと

本書では、6400年も前から伝わる武学のエッセンスを「志」「礼」「行動」の3軸に集約してお伝えしてきました。武学は数千年もの間、99％が不立文字、口伝ですらなく、「身伝」で師匠から弟子へ直接伝承されてきたものです。

ですので、これだけネットやメディアが普及し、地球の裏側にいる人に気軽に連絡が取れる時代であっても、直接身体に触れる身伝でなければ伝えることはできません。

私がよく言う例えですが、牛丼を食べたことのない人に、牛丼の美味しさを文章や写真、動画で伝えることができないのと一緒です。「牛丼を食べる」という直接的な体験をすれば、牛丼の美味しさが一発で分かります。それも100％正確に分かります。そこに理論や理屈、エビデンスなどは不要です。武学の直接伝承とはそういうものです。

文章や写真、動画では読む人・見る人の解釈に委ねられるので正確には伝わりません。宗教における経典がまさにそうです。本来、人類の救済や悟りを目的としているはずが、経典の解釈を巡って「この解釈が正しい」「その解釈は間違っている」という不毛な論争に発展したりしています。それというのも、正しさを客観的にチェックする方法がないからです。

正しさを検証するには直接身体に触れる「対人チェック」以外に方法はありません。

現在では全国の同志の皆さんが武学の練習会を自主的に開催してくれるようになりました。それと言うのも対人チェックの重要性が皆さんに浸透してきたからです。

練習会は「私が正しい」と主張する場ではありませんし、上の者が下の者に知識を教える場でもありません。チェック法を用いて互いが互いの正しさを見つけ合う場です。そこに初心者・経験者などの上下関係はありません。子どもからご高齢者までフラットな関係で、皆さん楽しく侍の礼法・七つの秘伝を基本とした練習をしています。

練習会は全国で開催されていますので本書を読まれて興味を持たれた人は、直接体験をしてみてください。ネットで「武学練習会」で検索すると「武学・志体術・自主練習会グループ（未経験者もＯＫ！）」というフェイスブック・グループが見つかります。

本書の内容を疑っていた人も体験をすれば一瞬で「あ、本当だった」と理屈抜きに納得することができるでしょう。

5秒でできる習慣から始めよう

本書を読んでまずやっていただきたいのが、侍の礼法です。たったの5秒で、「今すぐ」「誰でも」「どこでも」できます。

この礼法でゼロ化した状態が、誤解を恐れず言うならば、「悟り」の状態です。人間が生まれながらに宿している普通の状態――穏やかで、たおやかで、しなやかで、健やかな、ごくごく自然な状態のことです。

礼を習慣化して、内なるエネルギーのコントロールができるようになると、自分の状態がこの世界を創っていることに気づけるようになっていきます。

自分の状態がこの世界を創っていると自覚できれば、この世界に何か問題があったとしても「自分で変更していける」ことが実感として分かります。

まずは7日間、侍の礼法を意識して実践してみてください。たった5秒でできる習慣です。この5秒の習慣化ができない人が、世界を良くし、自分を良くしていくことは不可能です。礼をする対象は何でも構いません。礼は仁（愛）の体現です。感謝の気持ちを表わしたいときにキチッとした侍の礼法を心がけてみてください。

すでに志を引き出した人は「三式」を習慣化してみましょう。

三式とは、侍の礼法をしてから、志を奏上します。そして最後にもう一度、侍の礼法をします。この三つの動作なので三式と言います。つまり、①礼　②志奏上　③礼　この三つの動作をすることです。

三式は1回に1分かかりません。1日1回1分の習慣化を行うことで、自身の状態をクリーンに整え、そして行動の継続化のエネルギーとしていくことが目的です。

志を奏上しますので、発声でアウトプットした志を耳からインプットすることになります。毎日の習慣にすることで、少しずつ志が自身に刻まれていきます。また自身の成長に伴い、志を見直した方がいいと感じるときがくるでしょう。

今すぐにできる世界貢献とは、志と礼法で自分自身をクリーンな状態にすることです。あなたの穏やかさが他者に伝わり、その結果、世界が穏やかになるのです。

謝辞（「あとがき」に代えて）

本書を最後までお読みいただき、ありがとうございました。

本書は個人向けの本として出版していますが、元々は「武学」の三つの分野である体術・医術・兵術の「兵術としての会議法」として創ったものです。武学と出会って25年以上が経過していますが、私自身が日常に応用しているエッセンスを入れ込んでいます。

「礼に始まり、礼に終わる」と言いますが、多くの人たちが礼に秘められている真実を知りません。もしあなたが本書の内容に可能性を感じたのであれば、あなたが可能性を感じて欲しいと思っている人と一緒に、本書の体感ワークを行ってみてください。「礼」と「志」によって引き出される身体の叡智にきっと驚かれることでしょう。

本書を出版するにあたり協力していただいた、たくさんの人たちにお礼を申し上げます。

真に読者や社会が必要とする本の出版の実現を信念として、企画を取り上げてくださった株式会社みらいパブリッシングの代表取締役である松崎義行氏、プロデュースをご担当いただいた塚田拓也氏、編集をご担当いただいた道倉重寿氏はじめ、みらいパブリッシングの皆さん、「出版で世界を変える」との想いで出版企画書をサポートしてくださった株式会社Jディスカヴァーの城村典子氏。

長年、武学の指導をしていただいている上村浩三先生、覆面レスラーとして武術を応用し志を体現しようとしているアンディー・ウー選手。

志を世界に広める志教育プロジェクトの始動以前から日本の精神文化について伝え続けてくださっているメキキの会の出口光会長、兵術としての会議法のベースを作り上げ彌勒相対力学研究所を立ち上げた安西裕也さんと律子さんご夫婦、本書を一緒に書き上げてくれた佐藤恵一さん、諸々の調整をいただいた合同会社共育の坂倉昭人さんと松本康裕さん、本書の内容を講座として世の中に広めようとしている彌勒相対力学研究所の初期メンバーである稲葉春樹さん、大塚英志さん、加藤広隆さん、上村明子さん、桐竹正和さん、小山裕さん、菅原徹さん、杉村雄也さん、田中啓子さん、田渕完さん、冨田喜美恵さん、中村康祐さん、益田雅子さん、松藤季晴さん、安野弘之さん、矢野達也さん、山崎元久さん、紙面の都合上すべての人の名前を載せられないのが残念ですが、武学に関わるすべての仲間に感謝しています。

私をこの世に送り出してくれた父と亡き母、小さい頃から面倒を見てくれた2人の兄、武学の普及のために私をサポートし、家族を守ってくれている妻と子どもたちのお陰で本書を出版することができました。

最後に、本書を手に取っていただいた皆さんに感謝します。そして、本書を紹介していただいた皆さんにも深謝します。

武学のエッセンスを日常に活用することで、あなたの人生を変え、世界を変えるエネルギーを持つこととなり、実際に変えていくことができると思っています。
本書を読んで終わりではなく、ぜひ日常に活用していただければ幸いです。

身体が変われば心が変わり、心が変われば行動が変わる
行動が変われば習慣が変わり、習慣が変われば人格が変わる
人格が変われば運命が変わり、運命が変われば人生が変わる

あなた自身の心と身体の可能性を引き出す一助になればうれしく思います。

2020年11月　レノンリー（李　隆吉）

参考文献

人はなぜ勉強するのか—千秋の人 吉田松陰
岩橋 文吉（著） 出版社：モラロジー研究所

魔法のコンパス 道なき道の歩き方
西野 亮廣（著） 出版社：主婦と生活社

江戸参府随行記
C・P・ツュンベリー（著） 出版社：平凡社

VOICE（ヴォイス）2020年1月号
出版社：PHP研究所

あなたの「最高」をひきだす方法 こころの習慣365日
アンソニー・ロビンズ（著）、堤 江実（翻訳） 出版社：PHP研究所すごい会議－短期間で会社が劇的に変わる！
大橋 禅太郎（著） 出版社：大和書房

新版 天命の暗号
出口光（著） 出版社：あさ出版

人の心を動かす伝え方～響く言葉には魂がある～
出口光（著） 出版社：あさ出版

0波動の癒し［入門編］
木村 仁（著） 出版社：祥伝社

読んで納得、やって体感 人生を大きく飛躍させる 成功ワーク
レノンリー（著）、佐々木 孝（著） 出版社：つた書房

38億年の叡智とつながる
レノンリー（著） 出版社：合同会社共育

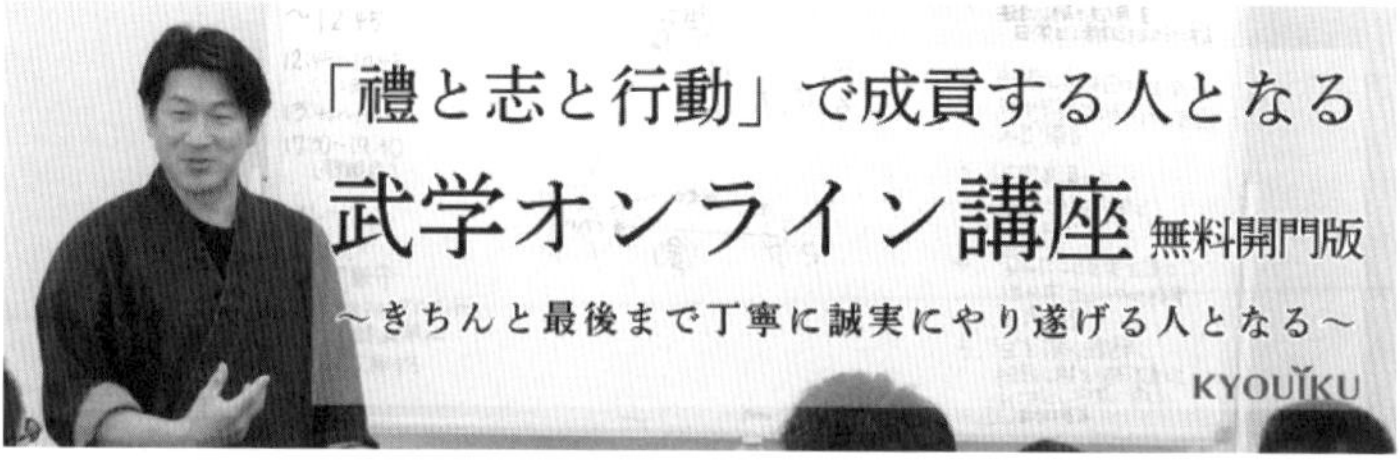

1．「武学をオンラインで学ぶ」

武学をオンラインで学ぶことができます。
無料で試していただくことを目的として、
「無料開門版」を提供しています。
毎日一つずつ全７回のコンテンツを
提供しています。

2．「まずは『ＳＳＭ』をオンラインで学ぶ」

本書の内容を、より詳しく丁寧にお伝えする「ＳＳＭオンライン講座」を提供しています。
ネット環境があれば、いつでも、どこでも、好きな時間にＳＳＭを学ぶことができます。
あなたが元々持っている魅力を
最大限に発揮することにより、
より成長して魅力を育て、
周囲に貢献することができるように
なります。

レノンリー（李隆吉）

一般社団法人国際徳育協会最高顧問
合同会社武藝団代表社員、国際武術格闘技連盟会長

1971年：兵庫県伊丹市生まれ
2006年：兵庫のじぎく国体武術競技 優勝
2009年：国際武術大会チャンピオン（香港）
2010年：世界伝統武術大会チャンピオン（中国）
2011年：ＪＣＩ（国際青年会議所）世界会頭セクレタリーチーム
2012年：一般社団法人国際徳育協会立ち上げ

青年会議所·国際青年会議所の活動を通じ、世界を巡りながら、世界No.1コーチと言われるアンソニー・ロビンズ氏や、ビル・ゲイツ氏の師匠であり世界No.1コンサルタントと言われているジョン·C·マクスウェル氏などの世界トップと呼ばれる人たちに会いに行き、薫陶を受ける。

「より善い世の中を創る指導者を育成するため」の仕組みを創り上げ、普及することを決意し、一般社団法人国際徳育協会を立ち上げる。

ロータリークラブや倫理法人会など、経営者を中心に様々な人に対して全国各地で研修やセミナーを行っている。

【レノンリー公式サイト】
https://rennonlee.com/

お辞《じ》儀《ぎ》のチカラ　礼《れい》と志《こころざし》の「武学《ぶがく》」

あなたが変《か》わる、人生《じんせい》が変《か》わる、世界《せかい》が変《か》わる

2020年11月13日　初版第1刷

著　者　レノンリー（李隆吉）
発行人　松崎義行
発　行　みらいパブリッシング
〒166-0003 東京都杉並区高円寺南4-26-12 福丸ビル6F
TEL 03-5913-8611　FAX 03-5913-8011
HP https://miraipub.jp　MAIL info@miraipub.jp
企画協力　Jディスカヴァー
編　集　道倉重寿
写真・図版イラスト　合同会社共育
ブックデザイン　洪十六
発　売　星雲社（共同出版社・流通責任出版社）
〒112-0005 東京都文京区水道1-3-30
TEL 03-3868-3275　FAX 03-3868-6588
印刷・製本　株式会社上野印刷所

ISBN978-4-434-28152-5 C0011